生态文明背景下乡村体育文化发展研究

阳小利◎著

吉林出版集团股份有限公司
全国百佳图书出版单位

图书在版编目（CIP）数据

生态文明背景下乡村体育文化发展研究 / 阳小利著. -- 长春：吉林出版集团股份有限公司，2023.3
ISBN 978-7-5731-3112-6

Ⅰ.①生… Ⅱ.①阳… Ⅲ.①农村—体育文化—研究—中国 Ⅳ.① G812.42

中国国家版本馆 CIP 数据核字 (2023) 第 051160 号

生态文明背景下乡村体育文化发展研究

SHENGTAI WENMING BEIJING XIA XIANGCUN TIYU WENHUA FAZHAN YANJIU

著　　者	阳小利
责任编辑	祖　航
封面设计	李　伟
开　　本	710mm×1000mm　　1/16
字　　数	220 千
印　　张	12.25
版　　次	2023 年 9 月第 1 版
印　　次	2023 年 9 月第 1 次印刷
印　　刷	天津和萱印刷有限公司

出　　版	吉林出版集团股份有限公司
发　　行	吉林出版集团股份有限公司
地　　址	吉林省长春市福祉大路 5788 号
邮　　编	130000
电　　话	0431-81629968
邮　　箱	11915286@qq.com
书　　号	ISBN 978-7-5731-3112-6
定　　价	75.00 元

版权所有　翻印必究

作者简介

阳小利　1979年7月生于湖南省耒阳市，2007年硕士研究生毕业于上海体育学院，汉族，就职于大理大学，主要从事民族传统体育的教学与研究工作，研究领域及方向为学校体育教育、民族传统体育、少数民族传统文化等，主持云南省教育厅课题一项，主要作品有《云南少数民族体育文化时代性转型研究》《民族文化生态建设与少数民族传统体育文化研究》等。

前　言

当今世界，生态文明是人类所追求的目标，生态体育也成为当今世界各国共同关心的问题。生态体育是生态文明建设中不可忽视的一项重要内容。

要建设美丽中国，一定要重视生态文明建设，绿水青山就是金山银山，在发展经济的过程中不能以破坏生态为代价。在现阶段，既要创造更多的精神财富与物质财富，满足人民日益增长的美好生活需要，同时还要注重生态文明建设，加快生态文明体制改革，为人民提供更多优质生态产品，来满足他们日益增长的优美生态环境需要，实现人与自然的和谐共生，建设美丽中国。目前，生态文明建设已经成为中国特色社会主义的重要组成部分，是当前中国经济与社会实现协调可持续发展的必然选择，也是当代中国乡村体育在发展中应予重视的发展背景。

因此，用生态视野来审视乡村体育的发展不仅仅是体育发展本身的需要，也是落实和践行科学发展观、建设社会主义新农村、全面构建和谐社会的必然要求。希望通过本书的研究，能够为相关体育部门制定体育法规政策提供理论参考，进而促进乡村生态体育的和谐发展。本书将围绕生态文明背景下乡村体育文化发展展开论述。

本书第一章为体育文化基础概论，分别介绍了体育文化概述、体育运动的价值与作用和体育对象及其建构路径；第二章为生态文明背景下的体育文化，分别介绍了生态文明与体育、生态体育观和乡村建构生态体育的必要性与可行性分析；第三章为生态文明背景下乡村体育文化的发展，分别介绍了三个方面的内容，依次是生态文明背景下乡村体育文化发展情况、生态文明背景下乡村体育文化发展意义及生态文明背景下乡村体育文化发展途径；第四章为生态文明背景下乡村体育文化建设实践，依次介绍了生态文明背景下乡村学校体育与群众体育建设实践、生态文明背景下乡村体育公共产品供给实践及生态文明背景下乡村体育文化建设实践方法三个方面的内容；第五章为生态文明背景下乡村体育文化发展情况与体制改革研究，主要介绍了两个方面的内容，分别是中国乡村生态体育文化发展情况及乡村生态体育文化体制的改革路径。

在撰写本书的过程中，作者得到了许多专家学者的帮助和指导，参考了大量的学术文献，在此表示真诚的感谢！本书内容系统全面，论述条理清晰、深入浅出。限于作者水平有所不足，加之时间仓促，本书难免存在一些疏漏，在此，恳请同行专家和读者朋友批评指正！

阳小利
2022 年 6 月

目 录

第一章 体育文化基础概论 ... 1
第一节 体育文化概述 ... 1
第二节 体育运动的价值与作用 ... 14
第三节 体育对象及其建构路径 ... 25

第二章 生态文明背景下的体育文化 ... 44
第一节 生态文明与体育 ... 44
第二节 生态体育观 ... 72
第三节 乡村建构生态体育的必要性与可行性 ... 83

第三章 生态文明背景下乡村体育文化的发展 ... 96
第一节 生态文明背景下乡村体育文化发展情况 ... 96
第二节 生态文明背景下乡村体育文化发展意义 ... 113
第三节 生态文明背景下乡村体育文化发展途径 ... 119

第四章 生态文明背景下乡村体育文化建设实践 ... 136
第一节 生态文明背景下乡村学校体育与群众体育建设实践 ... 136
第二节 生态文明背景下乡村体育公共产品供给实践 ... 143
第三节 生态文明背景下乡村体育文化建设实践方法 ... 152

第五章　生态文明背景下乡村体育文化发展情况与体制改革研究·················166
　　第一节　中国乡村生态体育文化发展情况·················166
　　第二节　乡村生态体育文化体制的改革路径·················172

参考文献·················185

第一章 体育文化基础概论

本章主要介绍生态文明与体育文化生态系统,主要从三个方面进行了阐述,分别是体育文化概述、体育运动的价值与作用及体育对象及其建构路径。

第一节 体育文化概述

一、体育文化的产生与发展

在人类早期,原始人为了获得食物以及逃避追捕等,常常奔跑、跳跃、攀登,与野兽、与人搏斗等。这些原始的体育活动形式,是当时人类对于自身力量的朦胧意识的发现,人们开始逐渐意识到身体是生命存在的中介,它与人们的生命息息相关。人类的舞蹈、竞技、医疗等各种活动的产生与发展,表明当时的人类已经开始进行各种有意义的身体练习活动,这些是原始体育活动的雏形。

1.体育起源论

(1)劳动起源论

在当时,人们的生存环境比较恶劣,很多原始的体育活动是以生存为目的的,人们为了追捕猎物或者躲避野兽,逐渐掌握了各种技能,在追捕猎物、躲避野兽的过程中,又不断发展这些技能,从而使身体素质不断得到锻炼与增强。因此,关于体育文化的产生,可能与当时人们的生存目的有关。

(2)军事起源论

在追捕猎物时,人们不总是和谐的,有时会出现争抢猎物的现象,这时候就会发生冲突,某两个人的冲突,在经历发酵之后可能会扩大到部落之间,从而引发武装冲突。因此，这些部落为了获得更多的猎物，就会进行一些有组织的身体训练活动，不断增强自己的力量。这是关于体育文化发展的军事起源论的由来。

（3）游戏起源论

原始人获得猎物大丰收之后，往往会聚在一起庆贺，在庆贺时就会采用做游戏、载歌载舞等形式来表达内心的喜悦之情。

（4）宗教起源论

当受到天气、环境、季节等因素影响时，人们的生产生活会有很大的改变，当时的人们尚不清楚这些自然现象，误以为是上天的旨意，开始祈求上天、诉诸神灵，形成比较原始的宗教活动，并且在祭祀天地的过程中，还会使用体育的形式进行求助祭拜。

（5）教育起源论

人们在劳动、游戏、军事活动中演变出来的各项运动技能，开始逐步传授给后代，以便于他们能够应用在日常生产生活中。通过劳动教育的方式，后代获得了体育活动的形式与技能，并开始逐步发展与运用，原始人开始摆脱动物的野性，形成了具有文化内涵的体育生活。

了解上述各种体育文化的起源说法，我们可以发现，体育文化的产生是上述各种因素相互综合演化的结果。起初，人们无意识地改造自身，进行体育活动，后来原始人类开始摆脱动物的野性，逐渐向着人性化方向发展，各种体育活动形式的野性与进攻性也在不断进化，逐渐形成了人类特有的文化现象，即体育文化。

通过进行体育运动，可以促进人们的身心健康发展。人们通过变化身体形态，发展动作技能，能够不断发展体育文化。它是一种比较特殊的文化，在高校及各种比赛时比较常见，具有竞技性、教育性、娱乐性等特点，是一种具有运动属性的文化。

2. 体育文化的特点

体育文化具有很多特点，通常可以从以下几个方面反映体育文化的特点：

（1）民族性

在人类的发展过程中，形成了十分丰富的文化，它们既具有共性，也具有个性，共同组成灿烂多彩的人类文明。人类的文化具有差异性，不同国家、不同民族的人们，具有不同的文化。也正是由于民族、地域等各方面的差异，人们才能够创造出不同类型、不同形态的文化。人类文化的这种差异性，就是民族性的表现。民族的文化与本民族的生活习性、风土人情、社会结构等相适应，同时与本民族的形成与发展密切相关。

（2）时代性

随着时间的推移，时代也在不断地发展演变，在不同的历史时期有着不同的生产生活方式。这些不同的生产生活方式造就了不同的生活环境，对于人类来说，这个生活环境能够对他们产生重要影响。文化的创造与发展，也要受到环境的影响。因此，体育文化展现出鲜明的时代性。

（3）社会性

文化具有社会性，也可以说文化具有群众性。文化是由人民群众创造的，也是由人民群众继承和发展的。任何文化都离不开人民群众。人、文化与社会之间具有一种微妙的联系，三者既互相关联，又互相作用。

（4）差异性

体育文化具有差异性。这是因为文化与地域、民族、风俗等各种因素有关，不同的地域、民族、风俗，其文化必定也是不同的。例如，在东方国家比较注重礼节，注重个人身心平衡，强调自身的发展完善。

（5）继承性

任何文化都具有继承性，体育文化也不例外。随着时间的推移，人们在继承体育文化之中，也在不断地对其进行发展完善。在这个过程中，人们对其的认识也在不断深化。

（6）发展影响

体育文化具有悠久的历史，它是中华传统文化的重要组成部分。在起初人与自然的斗争之中，当时人类对体育文化的认识处于一种不自觉的状态中。人类真正地感受到体育文化对于人类社会发展的影响，大约要到19世纪欧洲文艺复兴之后。尤其是20世纪中叶，这时世界整体科学有了一个较大的突破，这给体育科学研究带来了很多新的启示，激励学者在不同的角度上对体育文化展开研究。

在体育文化发展的早期，尽管当时人们所处的地域不同，其生活习惯也不同，但是其创造体育的最初目的是一致的。当时人类创造体育的目的，不外乎是为了生存和延续，在跑、跳、攀、爬的过程中，逐渐掌握了经验，并传递给下一代。随着时间的推移，便形成了现在如此灿烂多彩的体育文化。

作为社会文化的一个组成部分，体育的发展始终离不开社会政治经济的发展，以及整个科学文化与精神文明的发展。体育文化具有其独特性，它最初与人类的劳动或者生存有关，到现在已经完全独立出来了，成为一种具有竞技、健身、游戏等丰富内涵的文化。

19世纪末，由于大工业的发展，国际交往不断增多，许多国家开始建立体育制度。体育国际交流日益频繁，促进了体育的进一步发展，1896年举行了首届现代奥林匹克运动会。

中华人民共和国成立以后，把培养德智体全面发展的建设人才定为社会主义教育目标，体育作为学校教育的重要组成部分被列为必修课程。至此中国的体育学进入了一条引进、消化、自我形成发展之路。

长期以来，体育是一种经验方法，随着生物学、医学和物理学等学科的深入发展，体育的内容和形式不断发展变化，它的核心——身体活动在促进人体机能、防止疾病和推迟衰老等方面，具有无可替代的作用，从而形成了体育科学，使锻炼身体从传统经验方法逐渐走向科学化。体育属于发展人和人的劳动能力的生产力，对建设物质文明和精神文明具有重要的意义。体育文化最初是人类在早期的体育生活和实践中创造出来的，反映了人类本身的需求。在被创造出来之后，体育文化通过自身的物质、动作技能、身体形态等各个方面反映出人类本身的需求。中国传统体育文化以中国传统文化为母体，受到中国传统文化的滋养与影响。如在儒家文化的影响下，中国体育文化的特点主要侧重修身养性、和谐统一，其追求为"中庸""统一"等。与其他文化一样，体育文化也反映了一个时代、一个国家或者一个民族的特征，并且在不断地继承发展中影响着人们的价值观念，规范着人们的体育行为。

二、体育文化的特征

体育活动的目的是不断完善发展自我的身体，从这个目的来看，体育是人类对自己的身体进行"优化"的一个重要手段。

与其他文化一样，体育文化同样是在不断地发展继承之中，因此，它同样代表了一个时代、一个国家或者是一个民族的特征。在体育文化的传承之中，它影响着人们的价值观念，同样也在规范着自己的行为。一般来说，体育文化主要有以下几个特征：

（一）健身性

在人类早期，人们就已经意识到体育运动与身体健康之间有着某种联系。人类通过进行肢体活动，促进身体的发育与健康成长；并且经过长期经验的积累和交流传播，出现了一定形式的社会活动——人类早期的体育活动。例如，中国古代的拓关、举石、角抵等活动，以及各种祭祀活动中的体育表演。

人们通过参加各种体育活动，不断完善发展自我，提高自己的耐力、速度、反应能力等，在这个过程中，身体的适应能力也在不断地提高。不过，要想真正地促进身心健康发展，增强体质，就必须掌握科学的锻炼方法，规范地进行身体锻炼，这样才能够真正做到"动"必有序、"动"必有道。

（二）娱乐性

在早期，人类创造体育的目的主要是增强体质，娱乐身心。因此，体育还是一种娱乐活动。人们在进行劳作之后，往往会需要宣泄情绪，这时候，人们进行赛跑、拳击、球类运动等，将那些不良的情绪释放出来，保持内心的健康与平衡。另外，在进行体育活动时，人们不仅可以看到自己，还能够看到他人，在与他人交流的过程中相互学习，最终"重塑"自我。在现代社会中，体育运动已经深入人们的日常生活，成为人们日常生活中的一部分，它不仅能够增强体质，还能够缓解人们的心理焦虑，促进身心健康成长。体育具有娱乐性，根据体育的娱乐性可以将其分为两种：一是观赏性娱乐活动，二是运动性娱乐活动。所谓观赏性娱乐活动，就是指人们作为观众，观看赛场上的各种激烈的体育表演或比赛；所谓运动性娱乐活动，就是指人们参与到体育活动中去，在参与中获得乐趣。

(三)竞争性

体育是一种竞技性运动,展现了人类的竞争力。人们在进行体育活动时,也在不断地增强自身的竞争意识。体育运动不仅仅是运动技能与水平的展示,还有身体的竞争,即力与美的展示。从心理学的角度来讲,体育运动的竞争过程就是人类放松身心、愉悦自我的过程。因此,对于体育来说,竞争是灵魂。如果没有竞争,就没有超越,也就没有创新和发展。

(四)教育性

人类为了自身的生存与种族的繁衍,会将那些生活生产中非常重要的技能与知识保留下来传递给下一代。这些技能包括捕猎,与他人抢夺食物时的跑、跳、攀、击打等。人们在获得这些技能之后,会将这些技能包括自己新学到的某些技能融合起来继续保存,传递给下一代。这就是体育教育的由来。

体育文化具有教育性,共有两层含义:一是指体育是教育的一个组成部分,教育促进人的德、智、体、美、劳全面发展,其中,"体"便是指体育教育;二是指将教育寓于体育之中,人们在体育运动中能够获得优良品质与精神的培养。

体育与世界教育的发展趋势大体上是一致的。随着世界教育的发展,体育教育文化也在不断地发展,体育的价值与地位得到了提高,促进人的全面、协调发展。

(五)艺术性

体育是一种很特殊的文化,它的艺术性很突出。尤其是竞技体育,它能够最好地表达出体育的艺术性特点。在高水平的体育竞赛中,人们不仅仅能够欣赏到激烈的技术水平的较量,还能够欣赏一种艺术的表演,给人以美的享受。

(六)民族性

不同民族、不同地域的人们有着不同的体育文化,这些体育文化受到地域、风俗、经济、历史等因素的影响,显示出不同的特征。由于体育是民族的产物,体育文化具有明显的民族特征。世界上各民族都有自己传统的体育项目,如西班牙的斗牛、印度的瑜伽、中国的武术等。在现今社会,虽然不同体育文化之间仍然存在民族差异，但是随着全球化的发展，这些差异受到世界性统一规律的严格限定，其相互之间也在不断地交流融合。

（七）国际性

奥运会原本只是一个地区性的活动，并不具备国际性。后来直到1896年，法国著名教育家顾拜旦恢复奥运，这才使得奥运会成为一个国际性的体育盛会。现如今，体育已经超越了语言和国界，在各个民族之间文化交流中占据一席之地。如今国际体育组织众多，其交往十分频繁，影响也十分深远，这是其他领域远远不能比的。随着社会的发展，体育的国际性将会越来越突出，为世界全球化做出重要贡献。

（八）全民性

到目前为止，体育已经逐渐深入人们的日常生活，全民健身的目标实现将成为可能。随着生产力的不断发展，人们从繁重的劳动中解脱出来，拥有了更多闲暇时间。在这些闲暇时间内，人们就可以不断进行体育锻炼，增强身体素质，保证身心健康发展。人们也可以到体育场所或者在电视、网络等媒体上在线观看比赛。总而言之，目前体育越来越被人们所接受，成为人们日常生活中不可或缺的内容。

三、体育文化的作用

一般情况下，体育被人们认为是一种身体语言。国际奥委会前主席萨马兰奇曾经指出，体育是世界上通用的五种语言之一，而且是其中最为迷人的一种语言。那么，为什么体育是一种十分迷人的身体语言呢？这主要是因为体育具有直观显性、场面宏大等特点，体育的这些特点使得体育可以超越民族、国家、信仰、阶级等成为一种人类独特的文化现象。体育的这种独特的亲和作用有助于人生与社会价值的实现。

（一）超越意识丰富

在进行体育锻炼时，总共有三种超越的可能：一是超越自身的身体技能与体质状况；二是超越社会一般的群众体育技能；三是超越地域内的或者同时期的最高健康水平。在进行体育竞赛时有三种超越：一是对自己原有的体育技能水平的超越；二是超越对手；三是对之前体育水平纪录的超越。作为一种人类自我超越的和平方式，体育正是我们实现人生价值的内在动力。

（二）直观展示强烈

在人类社会中，每一种文化都有自己的评价方式和体系。人类为了对文学艺术的成果进行检验和评价，设立了一系列的奖项与各种措施。与那些文学艺术相比，体育的评价方式就显得十分的直观与鲜明，比如，在进行跳水比赛时，其成绩往往就在毫秒之间。通过观看体育赛事，人们在这种强烈直观的体育文化中寻求到精神上的满足。与经济竞争相比，体育竞赛往往更加公开；与政治竞争相比，体育竞赛往往更加超脱；与军事竞争相比，体育竞赛往往更加文明；与文化竞争相比，体育竞赛往往更加强健。正是由于体育竞赛的这些特点，人们往往可以获得无与伦比的体验。

（三）竞争性质鲜明

毋庸置疑，体育具有极强的竞争性，在其中包含着对人类的认识与创造能力的挑战。在进行体育运动时，这种挑战的意识也可以很好地迁移到广泛的社会生活之中。日本松下公司的松下幸之助将公司中的人分为三种：一是武士型，他们具有开拓精神；二是文人型，他们善于思考，具备思辨能力；三是运动型，他们具备极强的竞争意识。对于一个人来说，这三种素质不可能同时具备，但是把这三种素质结合在一起就会发生巨大的竞争力量。目前，很多公司在招聘职员时，都会强调身体素质方面。世界著名品牌李宁，在创建并不断发展壮大的过程中，其商业竞争精神就与其品牌创始人李宁当年的体操运动经历有关。

四、中国体育文化

体育传统文化是一种特殊的文化，是中国传统文化的重要组成部分。纵观中国体育发展史，我们可以发现，体育并不是一开始就发展完善的，而是在不断的传承中逐渐发展起来的，历经各个民族、各个时期的不同体育文化的交流与融合，最终形成现代的中国传统体育文化。中国古代体育不仅包括华夏民族的传统体育活动，还包括由其他民族传入并在中华大地上生根发芽的民族体育活动。在长期的发展历程中，中国古代体育逐渐形成了原始的朴素和谐的思想、宽和的精神，这些思想和精神决定了其竞争性将呈现出一种完全不同于西方带有强烈对抗性的形式，即更加注重礼仪和实用性。与此同时，与文娱活动融为一体，又使中国古代体育的娱乐性、游戏性和趣味性尤为明显。中国古代体育强调的是修身养性、天人合一的体育理念，这种顺其自然、宁静淡泊的性格与和谐相处、贯通一体的精神，还促进了保健术的产生，使保健术成为中国古代体育活动的重要形式，形成了东方体育文化的典型代表。

（一）传统体育文化

中国是世界上最早的几个体育文化的发源地之一，中国体育发展的历史可分为古代、近代和现代三个阶段。从原始社会体育的开端到1840年鸦片战争，是中国古代体育产生、发展、成熟并走向衰落的时期。战国末年以前，中国古代体育的主要框架初步形成，三个基本部分即军事体育、娱乐体育和养生体育都已出现，且形成了一些重要的体育理论，主要的体育活动项目有击剑、射箭、弋射、骑射、拳击、角力、跳跑、扛鼎、投石、赛车、田猎、蹴鞠、游泳、划船、竞渡及带有各种健身性质的舞蹈、围棋、投壶、牵钩、弄丸、秋千、飞鸢、击壤、导引、行气等。从秦汉时期到五代十国，为中国古代体育继续丰富、完善、提高时期，其中唐朝时期的体育项目最多，活动范围最广，竞技特征最强，对外体育交往最多，女子体育也空前活跃，是中国古代体育史上最辉煌灿烂的阶段。从北宋以后直到晚清，中国古代体育从总体上讲是走向衰落的，体育的强身健体作用被削弱，运动量较大、竞技性较强的项目或变成娱乐项目，或踪影消失，体育的活动范围也缩小了。从鸦片战争到中华人民共和国成立的百年间，西方体育传入中国，并逐步得到普及和发展。中华人民共和国成立至今，学校体育教育不断加强，群众体育活动深入开展，体育场馆建设日益加快，体育竞技水平稳步提高，全国体育人口大幅上升，成为我国有史以来体育事业发展最快、成就最为辉煌的时期。

中国传统体育，主要是指在分散的、封闭的、自给自足的小农经济的社会环境中孕育和发展起来的，由古代朴素唯物主义哲学指导的，注重纲常伦理、追求内心平顺和谐，以传统武术、养生气功、民俗体育和传统智力性体育为主要内容的传统民族体育。中国传统体育之所以是中国传统文化的重要组成部分，主要是因为传统体育具有参与人数多、跨越地域广、社会影响大、时间延续长等特点，是包括汉民族在内的中国各民族在本民族居住地区内共同创造、形成、继承和延续的带有浓郁的民族文化色彩和特征，凝聚了中华民族集体智慧，深受中国传统文化的影响，能够体现传统文化特征。

中国传统体育是从各民族文化中孕育而来的，深受中国传统宗教文化和风俗习惯的影响，呈现出显著的民族风格。作为中国传统文化领域中的宝贵资源，其悠久的历史中有着浓厚的文化积淀和鲜明的个性特征。

1. 具有明显的哲学思想烙印

中国传统哲学思想丰富，其中以儒、释、道、墨等为传统哲学思想的代表。中国传统体育作为一种在农耕文化状态下孕育出来的体育活动形式，其形成和发展必然深受传统哲学思想的影响。"天人合一""气一元论"等思想元素在传统体育如气功、武术、太极等项目中体现得淋漓尽致。正是有传统哲学思想作为理论基础，中国传统体育才呈现出丰富的文化内涵和广博宏大的理论体系。

2. 主要以追求健康保健为目的

中国传统经济具有分散、封闭、自给自足的特点。建立在这样的地理环境及经济条件之上的中国传统文化，主要追求和谐、稳定和与环境协调的生活方式，以"修身""养性"为主。这与西方竞技体育色彩完全不同。人们通过享受体育带来的娱乐、健康，进而达到保健长寿的目的。

3. 价值取向平和宽厚

受传统文化如儒家的"尚仁"，墨家的"兼爱"等思想的影响，传统体育主要是在平顺温和的环境中进行的，礼让、崇德、重义等价值观念在体育运动领域中得到了充分体现，中国传统体育呈现出的以宽厚、礼让、平和为特征的伦理化价值取向，使中国传统体育具有更深层次的文化底蕴。这是西方竞技体育所不具有的，但是它也不可避免地存在着与现代社会发展不相适应的问题。随着竞技体育成为现代体育的主流，中国传统体育的发展道路步履维艰，传统特色和光彩几乎被磨损殆尽。因此，我们需要返璞归真，重塑传统体育文化的积极理念，并将其发扬光大。

总之，在体育全球化的今天，中国传统体育决不能在完全封闭、绝对孤立的状态下存在和发展，我们需要吸取一切其他民族的优秀体育文化成果，借助现代发达的科学技术手段，对民族传统体育进行改造和重构，充分开发我们的民族传统体育资源，充分发挥其民族情感维系、民族精神培育、民族文化传承等功能，将中国传统体育文化发扬光大。

（二）我国现代体育文化的发展

在中华人民共和国成立以后，中国的体育运动才随着国家的不断发展而得到迅速发展和广泛普及。在1949年中华人民共和国刚刚成立之际，中华全国体育总会就宣告成立。1952年，国家又成立了国家体育运动委员会。党和政府十分重视体育工作，将增强人民体质、提高人民的健康水平作为社会主义体育事业的首要任务。随后，又建立了各级体委机构，在共青团、工会、教育部门、部队等都成立了体育机构。到了20世纪80年代，还成立了中国中学生体育协会、中国大学生体育协会、中国伤残人体育协会、中国老年人体育协会、中国轮滑协会、中国钓鱼协会、中国龙舟协会、中国武术协会，并恢复和新建了火车头、前卫、银鹰、煤矿、林业、石油、农民、水利、建筑工程和电力公司等15个全国性行业体育协会，从组织上加强对各行各业体育工作的领导。近几年来，由于体育运动的广泛普及和世界体育环境的发展，中国也兴起了体育热潮，各种群众性体育组织层出不穷。

在1949年，中国通过的《共同纲领》中也提出了有关体育运动的内容，从法律的高度上说明了国民体育的重要性。在1951年，中央人民政府政务院发出了改善学生健康状况的决定，到11月，全国第一套广播体操开始公布推行。由于它的动作简单易做，十分适合广大人民群众参与。这几十年来，随着时间的推移、社会的进步，广播体操也在不断地改进，变得越来越科学化，越来越具有通用性。我国始终关注少年儿童的日常体育锻炼，也曾公布过多套少年儿童广播体操。这几十年间，在全国推行的有各种各样的体操，如保护眼睛的眼保健操、适合各种不同工种人群参与的生产操、适应不同病情的保健操等。

在1954年，中共中央批准了《关于加强人民体育运动工作的报告》，将增强人民体质作为一项重要任务。同年，中央人民政府政务院还发出通知，规定人们要在上午和下午工作时间抽出十分钟做工间操，提倡人们进行各种各样的体育活动。这一年，全国还施行了"准备劳动与卫国"体育制度，增强了人们参与体育运动的积极性，为培养高水平的运动员奠定了基础。

1955年，在发展国民经济的第一个五年计划中，国家提出要在学校、部队、机关等各个地方，广泛地开展体育运动。1959年，在第二届全国人民代表大会第一次会议上所作的《政府工作报告》中，周恩来指出要做好体育的普及与提高工作，广泛动员人民群众，提高我国的体育水平。在1960年，党中央也指出要提倡各种体育活动。在党与政府的重视与倡导之下，各地的体育运动一步步地开展起来，在实践中不断因地制宜，因时制宜，总结出许多经验。

改革开放以来，我国的经济不断发展，体育事业也迈向了一个新的阶段。1979年，国家体委提出要进一步开展群众体育工作，抓好学校体育，加强少年儿童的业余体育训练活动。在这几十年来，参与体育的人数逐渐增多，体育活动的种类样式不断增多，各地的体育事业蓬勃发展。现在，从城市到乡村，男女老少都积极地参与体育活动，群众的体育热情逐渐高涨。目前的活动内容既有近代体育，又有民族传统体育、医疗体育、家庭体育等新事物，群众体育的形式越来越多样化，体育运动的质量也在不断地增强。

尽管与以前相比，我们的体育事业有了很大的进步，但是目前的体育发展水平与国际相比仍然存在着不小的差距。因此，我们不能沾沾自喜，不能懈怠，而是要加强对体育工作的重视，不断发展体育运动，在发展与完善中不断创新，逐步摸索出一条中国式的体育发展道路，开辟体育工作的新篇章。

随着时间的推移，体育的价值越来越明晰地显现出来，党和政府越来越认识到体育发展的重要性。党和政府目前十分重视体育工作，在人力财力等方面做出很大的努力。国家体育总局也多次召开体育工作会议，不断探索中国体育的现状与发展方向。

由于党和国家的高度重视以及人民群众的积极参与，中国体育运动水平逐年提升，与之前相比有了很大的进步，正逐步向着体育强国的目标不断迈进。

19世纪末20世纪初，近代体育项目才逐渐传入中国，并在中国发展起来。随着体育项目的逐渐发展，体育竞赛活动也逐渐兴起。在1949年以前，国内规模较大的竞赛活动主要是国内举办的全国性的运动会，共七届；国内有影响的地区性运动会为华中运动会与华北运动会，其中华中运动会共举办了六届，华北运动会共举办了十八届。另外，当时参与的国际体育赛事主要是1913年至1934年举行的远东运动会，以及1932年至1948年先后参加的奥林匹克运动会。但是由于当时我国的运动技术水平较为落后，当时的运动成绩处于较低的水平，与当时的各国列强相比具有不小的差距。

中华人民共和国成立后，由于国家重视体育锻炼，倡导人们参加体育运动，人们的体质得到增强，体育的发展水平也得到了很大的提高。中国广泛开展各项体育运动，到现在已经成立了数十个单项运动协会，增强了体育运动的技术水平。我国不仅举办了多届全国运动会，还创办了全国农民运动会、全国城市运动会、全国残疾人运动会等。

在1989年，中国就已经加入了多个国际体育组织，与多个国家、地区展开了友好的体育交流活动。在这期间，中国还参加了除奥运会以外的多个综合性运动会，如1963年，中国曾经参加了在印度尼西亚举行的有48个国家和地区参加的运动会，在这届运动会上，中国充分展示了自己的体育力量，金牌数量与奖牌数量均列首位。我国还多次参加了亚洲地区的运动会，并在赛中取得了良好的成绩。在1993年，中国在上海举办了首届东亚地区的运动会，这届运动会展示了中国的雄厚国力与良好的体育水平，获得了巨大的成功。

在2008年，中国成功举办了第29届北京奥林匹克运动会，在这次运动会上，中国代表队以51金的好成绩登上了金牌榜首。北京奥运会的成功举办，让世界认识了中国，实现了中国百年奥运梦，是中国从体育大国到体育强国的开始。

在北京奥运会之后，国家规定每年的8月8日为"全民健身日"，这增强了人们的体育积极性，有助于促进国民身体素质的提高，同时也有利于群众性体育的发展。

在2014年，中国举办了继北京奥运会之后的又一次奥运赛事——青年奥林匹克运动会。这届青年奥林匹克运动会在南京举办，是中国第一次举办的青年奥运会。其中，一共包括28个大项、222个小项，共204个国家参与。由于青年奥运会是参赛国家和地区最多的体育大赛之一，南京成为继北京之后第二座接待200多个国家和地区代表团的城市。在2022年，冬季奥林匹克运动会则是由北京与张家口联合举办。这是中国第一次举办冬季奥运会，也是中国第三次举办的奥运赛事。

第二节　体育运动的价值与作用

随着时间的推移，现代体育文化不断地发展丰富，在社会中的地位也在不断地提升。现代体育教育还具有十分丰富的功能，它能够促进人全面、协调、完善地发展。现代体育的表现形式主要有以下几种：

一、奥林匹克运动

现代的奥运会是对古代奥运会的简单继承和发展，经过一百多年，到如今，现代的奥运会已经颇具影响力，成为世界上传播范围较广的一种社会文化现象。古希腊的竞技运动受到社会各界的广泛尊重。在竞技场上，优胜者得到的奖励一般是塑像、橄榄桂冠或者是棕榈花环。不过，这并不是最重要的。对于优胜者来说，得到故乡人民的崇拜与欢呼，为故乡争光，这才是他们最想要的。奥林匹克的精神是互相理解、友谊、团结和公平竞争。奥林匹克的格言是"更高、更快、更强"，它始终激励着年轻人不断超越自我，奋发图强，向着更高的目标迈进。对于所有人来说，看到运动场上运动员们不断拼搏、团结合作、守望相助的情景，都不得不从内心迸发出一种强烈的感受。奥林匹克的最终目的是为建立一个和平美好的世界做出贡献。体育文化的任务要求很高，不仅要求形体美，还要求心灵美。具体来说，体育文化的任务由感性深入到理性，从形体美深入到心灵美。体育文化的理性任务是要求锻炼者不仅要保持体态端正、身体健美，还要品质高尚、心灵美好，并且与艺术相结合。这种深入的心灵美，对于体育文化来说是一种更高层次的理性价值。

二、竞技体育

体育文化是一种竞技运动文化。人类创造了体育，也创造了体育运动文化，并不断地对它进行改造，最终使它得以传承发展。这些创新与发展是在不断实践中完成的，随着时间的推移形成了我们现在广为人知的体育文化。体育文化的创新与发展经历了与西方学者社会变革的历史历程相对应的三个阶段。这三个阶段分别是宗教体育文化阶段、科学体育文化阶段和正在进行的艺术体育文化阶段。在宗教体育文化阶段，其体育文化特征是人类求生存。在科学体育文化阶段，其体育文化特征是强身健体，适应环境。而当今的艺术体育文化摆脱了以前的种种特征，同时也摆脱了功利性体育文化的特征，逐渐开始向着竞技与艺术相结合、形体美与心灵美相结合的形态发展。

三、大众体育

体育最初出现，便是基于当时人类的共同需求。随着时间的推移，人类的需求也在不断地变化，从生存到发展再到享受，对于人类来说，相比于其他文化，大众体育文化的影响最为广泛，也最为深刻。在大众体育文化中，人类可以感觉到美感和快感，不仅陶冶情操，还给社会带来了健康和活力。在东西方的大众体育文化中，其根基始终是全面、和谐发展。

四、中国传统体育

中国传统体育文化是以中国传统文化为基底的，中国传统文化是中国传统体育文化的母体文化。中华上下五千年，中国传统文化历史悠久，源远流长，具有无数灿烂光辉的思想与文明。中国传统体育便是中国传统文化的一个分支。自古以来，中国传统体育始终围绕着"养生"二字，强调"天人合一"。在中国传统体育文化看来，人与自然相结合，在与自然的交换中不断排除身体内部的浊气，吸取自然的真气，从而五脏通达，六腑调和。中国传统体育文化认为人要想健康长寿，不能仅仅注重外部，更要注重身体内部，这才是决定健康长寿的根本之道。在体育的形态上，中国传统体育强调意念感受与整体观，很少有复杂的动作和强烈的肌肉运动，其姿态动作简便大方，意蕴深刻。与西方体育文化相比，缺少激进和冒险行为。目前，全球化趋势日益明显，东西方交流也在不断地扩大，随着东西方文化的交流融合，中国传统的体育文化也在不断地借鉴之中发展创新自我。中国传统的文化正在与现代科学相结合，开始形成一种新的独特的风格。

五、校园体育

在学校教育中，校园体育文化是其中一个很重要的组成部分。学校教育施行德、智、体、美、劳全面发展的方针，强调要对学生进行素质教育，促进其全面发展。

随着体育事业的发展，体育运动在人类文明发展进程中有着举足轻重的地位，通过大众化的传播和普及，得到了有效印证。

六、体育运动的价值

（一）体育价值的内容

体育价值即体育的功能（效用）与人类需要之间的主客关系。体育价值有外在价值，包括体能的外在价值、体育知识的外在价值、运动技能的外部价值、快乐的外在价值；内在价值，包括体能的内在价值、体育知识的内在价值、运动技能的内在价值、快乐的内在价值。判定体育价值的有三个标准，即内在价值的标准、满足的标准、一致的标准。体育价值的属性有属人性和社会性、客观性和主体性、应然性和实然性、局限性和拓展性。所谓体育价值观，就是人们对于体育的认识，人们是否真正意识到体育消费是人类社会文化进步的需要、健康的需要、娱乐的需要、工作的需要及幸福生活的需要等。

（二）体育运动与人的价值

体育的价值，是指在社会中体育能够表现出来的作用以及它所处的社会地位。简单来说，就是体育能够满足人类生存、发展、享受等特定需要所起的作用。

按照体育作用的范围进行分类，可以将体育的价值分为三类，即生理价值、心理价值和社会价值。按照体育作用的对象进行分类，可以将体育的价值分为两类，即个体价值与群体价值。看体育是否有价值，主要看它是否对人类的身心健康发展与社会进步有益处，以及体育价值的质和量能否满足社会需要。这是对体育的价值进行评定的标准。体育价值的实现，与主体活动的水平有关，也与客体本身的结构有关。随着社会经济与科技水平的发展，以及人类的潜能与创造性的充分发挥，体育的价值将会越来越充分地显示出来。人们对于体育价值认识的深度与广度在不断地扩展和深入，其价值观念也在不断地更新。体育的价值取向与价值实现手段也在不断地提高，并逐渐走向现代化。

人要实现自己的价值，可以有很多种方式，体育运动便是其中的一种。通过进行体育运动，人们可以充分展现自我，实现自我价值。在进行体育运动时，人们会自然而然地产生一种自然、自我、他人多层次的内在联系，人们会更加了解自我，了解自然，同时也有助于与他人的社会交往。人与自然在联系、接触、斗争的过程中，人是主体，自然是客体，这充分显示出主体对客体的作用，显现出主体的力量，展现出人的价值。体育运动是一种竞技性运动，人们在进行体育运动时，需要不断地与他人竞争，战胜他人，战胜自我。在体育运动中，人的价值可以通过以下几个方面来显现和提高：

1. 体育运动的经济价值

体育是一项特殊的文化事业，它能够产生经济与社会的双重效益。它与社会经济是相互作用的关系，既是社会生活性的经济，又是社会消费性经济。在马克思看来，人具有劳动能力，当人产生某种价值时，运用的是体力与智力的总和。通过这些，我们可以明确以下三点有关人的劳动能力的特征：

第一，在活的人体中才具有劳动力，劳动力与劳动所有者不可分离。

第二，当人在劳动中生产某种价值时，才能发挥出劳动能力。

第三，劳动能力由体力与智力共同构成。

通过上面这些描述，我们可以知道，要培养劳动者，不能仅对他们进行智力方面的教育，还需要对他们进行身体方面的教育，只有这样，才能更好地发挥劳动者的价值。体育虽然不直接参与物质生产，但是体育运动可以增强人的体魄，发展人的智力，提高劳动的效率。当劳动者参与体育运动之后，他们的劳动生产率会提高，生产出的产品的数量增加、质量增强。因此，体育能够间接作用于物质生产，并产生不可低估的经济效益。

2. 体育运动与人的社会价值

在社会主义市场经济下，体育社会化是不可避免的，这不仅体现了体育事业的自身发展规律，也是生产力发展到某一个阶段的必然结果。人们在进行体育运动时，不仅可以强身健体，训练运动技能，还能够与他人交流，不断地了解社会、适应社会、融入社会。随着时间的推移、社会的发展，各行各业各学科之间都在不断地交流融合，互相渗透，体育已经逐渐变为最具有社会意义的事业。在国际比赛中，胜利者看着本国国旗缓缓升起，国歌嘹亮悦耳，内心也不禁涌出一种崇高的情感，这不仅仅是胜利者的荣誉，也能够极大地增强人们的民族自豪感。

在现代社会，体育运动已经成为一种大众的文化，人人都可以进行，它已经深入不同的阶层之中。

随着社会生产力的发展，人们的基本生存需求已经得到了满足，越来越多的人开始将自身的精力和金钱投入到体育运动中去，在体育运动中不断地发展完善自我。

体育活动大部分是集体的对抗性活动，在进行集体对抗运动中，人们与队友互相磨合，在交流协作中共同完成任务，增强了人们团结合作的精神以及对家庭、集体的信赖。

在进行体育运动时，竞技者必须要保证公正竞赛、团结协作，不能为了赢得比赛而施行其他不良行为，要始终规范自己的行为。体育不单单是一项竞技运动，还是一项大众性的娱乐活动和健身活动。通过进行体育运动，人们可以增强体质，放松身心，保证身心健康发展。随着时间的推移，必然有越来越多的人参与到体育运动之中。

从古代开始，体育就十分受到人们的喜爱，还未有其他活动像体育一样具有长久不衰的民众热情和如此广泛的参与者。体育是一种综合的教育手段，它将体质、意志和精神的教育融为一体，促进人的全面发展。随着现代奥林匹克精神的广为人知，全民健身的思潮开始不断地出现，人们从来没有像今天这样强烈地发展和完善自己身体的愿望。各种体育比赛能够帮助塑造人们的意志品质，发扬拼搏精神、团结精神，并能够产生巨大的凝聚力和感召力。

3. 体育运动的精神价值

体育运动不仅仅能够带给人们美的享受，还能够启示人们不断成长、勇敢拼搏，去创造自己的美好未来。体育是一种高级的文化活动，在其中蕴含着丰富的情感，它能够产生一些其他艺术形式无法产生的艺术魅力。在体育运动中，人们不仅能够宣泄自己的情感，还能够有所感悟，生命总在运动之中，唯有不断发展，才能更进一步。

体育比赛具有竞技性，人们在观看比赛时往往内心会非常紧张，情感也在喜怒哀乐中不断地变换，其间运动技艺的惊险刺激、战术配合的准确、时间的流逝、音响画面的艺术性等都在不断地叩击着人们的心弦，引领着人们的情感。通过观赏这种精彩超群的流动技术，人们的精神需要被极大地满足。

在体育运动中，尽管战术体力与技术十分重要，但是意志品质也是不容忽视的。甚至，在一些运动的中后期，最能决定双方胜负的便是意志品质，如铁人三项、马拉松等。在进行体育运动时，不仅要战胜自然、战胜对手，最重要的就是要战胜自我。相比战胜他人，战胜自我要更加困难，这需要极强的意志品质。纵观体育运动的发展史，许多被人记住的模范人物并不是由于技艺多么高超，而是由于他们具有坚强的意志品质。由于这些坚强的意志品质，他们的价值也在不断地提高。因此，体育运动对于培养人的意志品质具有很好的作用，能够提高人们的心理素质，培养人的意志力、判断力、反应能力等，使人们变得果断、勇敢、坚强。

4. 体育运动的社会健康价值

在现代社会，随着科学技术与物质经济水平的提高，人们的基本生存需求已经得到了满足，体育的价值开始被人们更加深刻地意识到，并迅速增长。体育的价值在不断提高的同时，其科学性也得到了提高，内容变得充实丰富。在过去，人们进行体育运动主要是为了增强体质，但是后来人们发现有很多身体的疾病其最初来源都是心理上的某些问题，因此，体育在心理调节方面也开始发挥作用。目前，人们开始使用体育来解决可能导致人们身心疾病的一些社会问题和生产方式问题。在现代社会，物欲横流，人们使用金钱可以买到很多东西，但是唯有一样东西买不到，那就是健康。要想获得一个健康的身体，需要人本身克服自身的惯性和惰性，早睡早起，按时吃饭，增强锻炼，保持一个良好的身体与心态。目前，体育运动越来越多地进入人们的日常生活之中，这表明越来越多的人开始意识到体育运动对于身体健康的重要性。

随着体育运动越来越多地进入人们的日常生活之中，人们关于身体健康的一些价值观也在发生着变化。传统的营养观以食品价格评价其营养价值，现在人们的营养观已经转变为以合理的膳食结构评价营养价值。只有将合理的膳食营养与适当的体育锻炼结合起来，才能够真正增强体质，提高对于疾病的抵抗能力，促进身体健康发展。

七、体育运动的作用

（一）体育运动对人生理健康的作用

体育具有很多功能，其最主要的任务就是增强人们的体质。所谓体质，顾名思义，就是人体的质量。人的身体具有遗传性和获得性，在这个基础上，人体表现出来的形态机构、心理与生理机能是否稳定的特征，就是人的体质。一般情况下，人的体质的含义包含以下几个方面：

1. 有利于身体形态水平的发育

身体形态水平，就是指身体所表现出的形态的特征标准，人的体格是否健壮，人的体型是否完美，人的身体姿势是否正确，这些都是观察身体形态发育水平的重要标志，它不仅能够反映出当前民族的生活水平和精神面貌，还能够表明当前的物质文明和精神文明。

2. 有利于生理机能水平的平衡

一定水平的生理机能是提高身体素质，掌握和完善动作技能的必要条件。

3. 有利于身体素质水平的发展

神经系统在人体运动时，肌肉活动表现能力的控制决定了身体的速度、灵敏、力量、耐力、协调及柔韧性等，对掌握运动技能、提高运动技术水平有重要重义。

4. 有利于基本活动能力水平的发展

在人的身体形态结构、生理机能与身体素质均发展正常的情况下，人的基本活动能力是否正常，对于劳动生产和国防保卫等方面都具有直接的影响。

5.有利于心理水平的发展

体育运动可以促进人的身心发展，不仅仅是身体的健康，心理的健康也在体育运动的作用范围之内。身体与心理是密不可分的，如果一个人身体不好，那么他的精神也必定是萎靡的，体质的健康与否对人的心理有着重要的影响。

6.有利于提高人体的适应能力

在进行体育运动时，人们可以锻炼到机体的各个部分，从而促进血液循环，防止血管动脉老化，加速新陈代谢，提高对疾病的预防能力。同时还可以改善体表的温度，增强人体对自然界的适应能力。

体育锻炼使人的身体结构和机能连续不断发生变化，从而达到增强体质、提高工作能力的目的。随着科学技术的进步与发展，要求劳动者全面发展，尤其是需要长时间高度集中注意力的劳动者，他们对机体的健康状况、应变能力、协调能力、适应能力的要求更高，而要使人的身体能适应现代化生产的需要，通过体育进行专门的符合职业需要的身体训练是非常有必要的。体育的主要目的就是增进人类身心健康，优化人类体质。

（二）体育运动对人心理健康的作用

1.使人正确认识自我

正确的自我评价是心理健康的重要条件。我们对自己要有一个正确客观的了解和认识，要摆正自己的位置，对优点感到欣慰，却不妄自尊大，对弱点不逃避，也不自暴自弃，要学会自我接纳，自爱、自尊、自强、自制，正视现实，积极进取。

在进行体育运动之时，人们运用自己的身体完成各项活动，可以更加深刻地认识自己，发现自己的优缺点，提高自尊，增强自信。在与他人的竞争过程中，人们可以意识到自己的价值，克服困难，超越他人，超越自我，发挥自己的潜能。

2.有助于消除消极、不愉快的情绪

体育运动具有娱乐活动的特性，让人们在活动过程中体会到运动的乐趣。而个体在运动活动中的认知结果绝大多数是肯定性的。这种积极愉快的情绪体验，可以在很大程度上解除个体在日常生活中积累起来的烦恼、抑郁等不良情绪。通过体育运动来进行宣泄，可以让人正视问题，调整心态。

3. 培养意志和心理素质

艰苦、疲劳、激烈、竞争是体育运动的特点。体育运动是培养人的意志力的有效方法，体育运动对人的意志磨炼让人正视困难，挑战自我极限。在参加体育竞赛活动中，既是斗战术，也是斗智斗勇。同时，长期的体育活动有助于培养人不畏艰苦、不怕困难、果敢机智、勇敢顽强的意志品质，促进个人良好品质的形成。

4. 有助于形成良好的人际关系

良好的人际关系是心理健康的重要标志。我们处在一个与人交往的社会中，良好的人际关系能让我们更好地适应社会生活。运动环境是一种特殊的环境，与我们日常生活的环境是不同的。在这个环境中，人们通过身体动作、表情等非言语进行交往，加上体育运动的游戏娱乐性，让人与人之间能够更加友好地相处。因此，体育活动不仅能够满足人的基本活动需要，更能满足人际交往的需要，使得个体通过体育运动与他人建立良好的人际交往。

5. 培养合作意识

体育活动中有许多项目既需要个体的自主活动，也需要同伴的协作配合。往往个体的自主发挥需要通过团体协作才能更好地体现出来。在体育集体项目中，每个成员的一切行为都要有整体意识，要从全局出发，抛弃个人主义，为团体而战。不能仅仅在团体内部进行合作，还要与观众、对手等进行合作。因此，团体体育运动让人学会了尊重、服从、顾全大局。

6. 体育精神为人所需

体育精神是通过体育运动形成为人类所普遍认可的价值观念，它体现了智慧与进取意识，属于体育文化的深层结构，具有相对稳定性。体育精神经常与体育运动背景中的赞赏行为相联系，常常被扩展至其他生活领域。

（三）体育运动对人的社会适应性的作用

社会，是一个大的集体。要想在社会上生活，必须充分适应社会，这是人类社会的一个基本准则。所谓社会适应能力，就是指身处于不同的社会环境，人们对于自身的调节能力。通过进行体育运动，人们可以提高自己的社会适应能力，促使人们达到对社会适应良好的状态。社会适应的良好状态是指一个人的外在和内在的行为都能够适应复杂的社会环境变化，与人们良好地进行交流。

要提高社会适应能力，不是一朝一夕的事情，从孩童时期就开始了。一个自然人从幼儿开始，通过家庭、学校和社会教育逐渐学习各种社会知识与规范，掌握技能，最终成长为一个自觉遵守社会规范与秩序、具备社会价值观念的社会人。要成长为一个社会人，体育活动在其中起着不可或缺的作用。在进行体育活动时，人们既要互相合作，又要不断地竞争，通过遵守相应的比赛规范，学习相应的训练技能，不断提高社会适应能力。在体育运动中学到的这些意识品质会渗透到日常生活中去，这样人们在日常生活、学习、工作的过程中，就会不自觉地遵守规则意识，不断超越自我、超越他人，同时与他人团结协作共同完成任务。因此，体育运动对于培养人的社会适应能力具有良好作用。

1. 有利于提高人体适应自然环境的能力

自然环境是很恶劣的，电闪雷击、气候变化、暴雨狂风等时有发生，自然界的动植物必须要能够承受甚至适应这些变化，才能够平安地生存与发展。对于那些无法适应自然环境的，而自身又力量微小无法改变自然环境的，等待他们的只有被淘汰。人与自然界的动植物不同，人是具有主观能动性的，是有创造力的，人们为了适应自然界的种种变化，采用了许多措施。一是改变自然界的环境条件，如改变居住环境，改变生态环境等；二是提高自己的适应能力。人体适应自然环境的最佳方法之一便是进行体育锻炼。通过长期进行体育锻炼，人们的体质得到增强，社会适应能力不断提高，身体的各个组织承受外界刺激的能力也在不断地增强。例如，在夏天，身体素质较差的人容易中暑，而经常进行体育锻炼的人由于身体素质较强，往往不容易中暑。在大自然中进行体育锻炼，相比起室内，更容易增强人们的适应能力。例如，在冬天，在户外进行体育锻炼，甚至使用冷水擦洗身体、冬泳等，这些都能够提高身体对于寒冷的适应能力。

2. 有利于促进人际关系发展

体育运动是一项竞技性运动，同时也是一项合作型运动。人们在进行体育运动时，不仅可以增强对自身的了解，还可以增强对他人的了解，有利于人与人之间的情感交流和沟通。在人际交往过程中，人们的社会需要得到满足。一种融洽和谐的人际关系，不仅是人们的社会生活需要，还是社会稳定性的增强剂。

（1）心理方面的作用

在体育锻炼中，人们互相之间进行肢体碰撞、协商战术、团结合作，这些行为能够增加人们互相交流的机会，缩短人与人之间的距离，有利于双方友好地交往。体育比赛能够增强彼此的了解，促进双方的沟通交流，有利于友谊桥梁的搭建。对于性格外向者来说，可以通过体育活动获得各种社会交往的机会，满足自己的社交需要。对于性格内向者来说，他们可以通过体育活动忘却自己心中的烦恼，放松身心，不断改变自己不善与人交往的个性。

（2）有助于培养合作精神

在进行团体比赛时，团体内部往往有着共同的信仰和目标，在这个基础上，能够培养人们心中的合作精神。在一些集体活动中，如足球、排球、篮球等活动，要想获得成功，队内成员必须要互相团结协作，发扬合作精神。在体育活动中，合作能力是一个必不可少的条件，通过进行体育活动，人们也在不断地发展提升合作能力。在集体性的体育活动中，为了达成目标，个人与个人之间要互相协作，在各自的位置发挥着不同的作用，互相协调配合，最终完成这项体育活动。在完成集体性的体育活动时，成员之间的支持与信赖会得到加强，有利于个体培养合作精神。

（3）有助于形成竞争意识

体育运动中，既要与他人竞争，又要与自己竞争。例如，在长跑时，既要不断地超越别人，又要与自己的意识做竞争，要一直坚持下去，不能半途停下、前功尽弃。无论与何人竞争，我们一定要时刻保持良好的心态，遵循体育的基本道德规范，公平竞争。通过进行体育运动，有助于人们形成竞争意识，适应当今社会竞争，积极进取，提高对于社会的适应能力。

3. 有利于促进适应社会节奏

随着社会的不断进步，经济水平与科技水平不断发展，人们的运动时间也在逐渐地增加。从劳动生产率来看，从原始社会到现在，人们的劳动生产率也在不断地增加，其增加速度也在不断加快。随着劳动生产率的增加，人们的生产力水平得到提高，休闲空余水平也在逐渐增多，这导致人们的工作生活节奏在不断地加快。随着工作生活节奏的加快，人们在身心健康方面出现了一些问题，如情绪压抑、心理紧张等。体育活动和娱乐活动在心理调节方面具有良好的作用。通过一些实验和研究表明，一些运动员或者是经常从事体育运动的人，对于生活节奏的改变具有很强的适应性。这主要是由于经常参与体育活动能够帮助人们更加准确、协调地完成各项生产、生活活动。体育不仅能够锻炼人的外在的身体与肌肉，还能够锻炼人的心血管与神经系统，提高人们的应变能力。另外，体育活动还能够舒缓人们的身心，帮助人们克服心理障碍，抑制心理紧张，有助于人们适应社会的快节奏。

第三节 体育对象及其建构路径

体育对象，这里泛指一切体育项目、体育器材、运动理论、技术以及体育理念、精神等。诸如球类、棋类、田径、体操以及奥林匹克理念等，绝大多数并非自然界的原始存在，而是人类在长期的社会实践——体育实践中的产物，或者说是由人类"创造"或"建构"出来的。在人类的体育实践中，无论是作为人类创造的体育物质财富，诸如体育运动器材，还是作为人类创造的体育精神财富，诸如体育运动技术、规则、体育理念等，无不凝结着人类社会生活经验的总结和人类创造的智慧。这些体育的物质财富与精神财富，共同构成了体育文化。所谓体育文化，就是人类对于体育的认识、情感、道德、理想、制度等各个方面的总和，总体来说，体育文化涵盖体育运动的精神、物质与制度文化。体育文化并不是指体育运动，二者的概念并不相同，它包含了体育不是简单的身体活动，更具有自身产生的文化背景，人类在社会生活实践中不断地总结经验，塑造具有独立形态价值的体育文化。

在这种文化背景下，为了创造与建构出更加适合社会生态环境的体育模式，必将对体育的参与者、文化、发展进行研究和探索。

一、体育文化的价值构成与时代内涵

体育是人类社会特有的一种社会文化现象，它体现着人类在运动中的智慧，

同时也体现着人类的思想与对周围环境的影响。体育是人类文明的成果，不仅有助于人们的身心健康，同时还有助于社会的政治经济发展。体育文化既是一定历史时代的产物，又是民族精神的产物。作为一种主体参与的活动，它的真正内涵是什么呢？关于它的内涵，有许多种不同的说法，其中流传较广的是将它作为一个复杂的整体，体育文化是包含信仰、艺术、道德、习俗以及作为社会成员的人而获得的能力和习惯的复杂整体。

对于体育文化来说，其精神实质是"以人为本"，这是体育文化所有内涵的统一体现。在中国语言里，文化的概念来自《易经》，"观乎天文以察时变，观乎人文以化成天下"。其中，人文是指世间由人类创造出来的东西，人文通过"化成"对天下的状态进行改造，这就形成了文化。在这里，这个改造包含有两种意思，一是指对于社会的改造，二是指对人的改造教化。它主要强调只有在人们进行文化创造并接收文化成就的过程中，人才是真正的人。在这里，它主要强调文化施加给人的教育作用。

具体来说，当我们谈论到体育文化时，就必然要从人文精神的角度来思考。因为，体育文化是以人为核心的，它维护人的健康权利，促进人的身心健康，肯定人的生命价值和意义。人文精神是一种自由的精神，是以人为主体的精神。体育文化，从广义上来说是一种体育文化或者是身体文化，从狭义上来说，它单指体育的教育过程。

体育是教育的一部分，它不仅能够促进身心健康发展，还能够丰富人们的社会文化生活，振兴民族精神。通过进行不断的身体练习，人们的体质得到增强，运动的技术水平也得到了提高。体育既有科学的内涵，同时还具有思想道德的内涵。从体育的科学内涵来说，它处于人文科学与自然科学的交叉地带。从体育的思想道德的内涵来说，体育是教育的一部分，它起到教化民心的作用，在净化道德环境和提高人格境界方面也越来越受到人们的重视。体育文化是在社会各种体育活动的基础上建立起来的一系列的规范与价值体系。

作为一种独立的社会文化形态，体育是构成社会结构的重要因素。那么，体育是如何促成社会结构的构建呢？体育有一个十分重要的功能，就是能够引导人们融入社会共同的价值观体系。对于社会结构来说，一个共同的价值观有助于促进社会团结与和谐。体育引导人们融入共同的价值观体系之中，社会中的成员就会形成一个共同的价值观念，从而推动社会和谐发展。体育文化的教育性体现在各个方面，无论是各种规则的掌握、姿势的运动，还是运动员的顽强拼搏的精神，都深深地影响着人们。体育文化还能够作为人类社会化功能的手段与内容，有益于人们之间的交际活动。正是由于体育文化是人类社会化功能的内容与手段，当体育运动偶然从人们的脑海中消失后，只要人们的社会化过程不变，那么体育运动就会很快诞生。体育文化具有十分丰富的特点，如激烈的对抗竞争、形式多样的群体活动、频繁的人际交往等，这些特点使得人们在进行体育运动时能够学会各种社会规范，不断培养发展自己。

体育文化中的精神实质，是在体育文化的不断传承发展过程中形成的，这是长期发展形成的结果。体育文化具有经验性。最初人们为了满足身心的健康发展创造出体育文化，随着时间的推移与社会的进步，人们根据自己的经验对体育文化进行一步步的改造，最终形成了现在的体育文化。体育文化具有变异性。在历史的长期发展过程中，体育文化也在不断地发生着变化，如其内容、结构、模式等。体育文化还具有世界性特征。现代体育文化不仅仅能够锻炼人的身体技能，还可以休闲娱乐，放松人们的身心，使人们更加积极地投入到学习工作之中，吸引越来越多的人参与。无论体育文化具有哪种民族的特性，无论它如何发展，它始终是世界性的文化，吸引着全世界人们的注意力。

体育文化还具有地域性，所谓地域性，是指由于地理的限制，体育文化在不同的地域显示出不同的特征。由于世界各地的风土地貌不同，这些不同的地域孕育的体育文化也是不同的。这些不同的体育文化具有不同的体育运动形式，有着各自独立的特征。尽管当前世界全球化趋势日益增强，体育文化受到地域的影响很小，但不可否认的是，因地理差异显示出的体育文化仍是不同的。体育文化的世界性与地域性，针对的是体育文化生长的环境与地域。体育文化的人类性与民族性，针对的是体育文化的创造主体，即创造体育文化的人类与民族。体育文化的人类性与民族性是由创造主体的内在统一性决定的。

相对于其他文化来说，体育文化是一个独特的文化，它在传承、评价、规模和场面等诸多方面具有独特性，而且它本身还可以直接产生物质利益，正是由于这个特点，体育文化的价值与功能得到了很大的拓展。当今社会，竞争极其激烈，优胜劣汰，适者生存，只有不断地努力，才能走到最后。体育文化的竞争功能，恰好可以满足人们生理与心理的需要。在社会飞速发展的过程中，快节奏的生活导致人们往往具有较高的心理压力，要想缓解，就需要不断地寻找自我、超越自我，而体育活动恰好可以满足人们的这种需求。除此之外，体育文化还具备多种功能，如教育功能、促进社会化功能等，这些功能都是现代人所必须具备的。

二、社会体育的研究对象

社会体育研究的内容包括社会、个人及其社会行动、人与社会的关系。因此，需要从参与体育的目的性、参与方式的类别、体育与国内政治关系、体育运行与发展类型、体育制度、大众化传播、体育价值等方面来进行研究和探索，制定更为适应当下环境的生态体育。

（一）体育文化扩大化的目的

体育活动作为提高人类身体素质与健康、生理与心理等多方面需求的方式，使人们自发地参加体育活动，而这种健康意识的增强也让越来越多的人参与到体育事业的建设和发展中来。

我国体育的根本目的是增强人民体质和提高全民族身体素质，这是整个体育事业的核心、基础或根本。在当前社会体育事业迅速发展的背景下，如何切实统筹体育事业与产业的发展，统筹业余训练与高水平竞技体育的发展，统筹全民健身与竞技体育的发展，统筹国内体育与国际体育的发展，统筹人与运动成绩的和谐发展等都将建立在转变体育的增长方式上，以提高发展质量，推进节约型体育、绿色体育、环境保护型体育、休闲安全型体育，实现体育的全面、协调与可持续发展为目的。

（二）体育社会价值

体育运动与社会互动功能主要体现在传递体育价值观和促进社会和谐发展这两个方面。提高国民体质与健康水平，从而提高人们的生活质量，促进人的全面发展是发展社会主义社会可持续发展的根本。通过人们对体育的认识，从其物质生活、精神生活、政治生活和社会生活进行研究。

(三) 体育参与群体的参与度

要想获得体育参与群体的参与度，就需要计算体育人口。体育人口，顾名思义，就是参加体育运动的人数。准确来说，体育人口是指在某一个特定时期，某一地域内经常参与有关体育活动的社会群体。其中，有关体育活动包括接受身体教育、从事身体锻炼、进行身体娱乐、参与运动训练与竞赛以及其他与体育事业密切相关的社会群体。体育人口是一项十分重要的社会体育指标，它反映了群体对体育的参与程度与亲和程度。

从参与体育人口结构研究大致分为科教、文人员、管理人员、工人、服务人员、农民。乡村体育人口不仅数量少，体育人口在不同年龄段的比例均明显低于城市，且随着年龄增长，差距不断拉大。在乡村中，乡村体育活动主要呈现出两个特征：一是乡村人民参与性比较强，然而体育人口却十分少；二是乡村体育活动的影响力比较大，但是人们往往只做看客，并不真正地参与到体育活动之中。这主要是因为乡村中经常参与体育活动的是青壮年，小孩、老人、妇女等几乎不怎么参与乡村体育活动。我国乡村老年人60岁以后的寿命中有3/4的时间生存在带有慢性疾病的状况之中。这就需要各乡镇重视乡村老年体育的发展，从根本上提高老年人的体质。

(四) 体育文化运行和发展的类型

我们可以将社会的运行和发展大致分为三类：一类是良性运行，与之相对应的便是协调发展；一类是中性运行，与之相对应的便是模糊发展；一类是恶性运行，与之相对应的是畸形发展。在社会经济比较发达、社会生产力水平较高、人们的可支配收入和余暇时间都比较多的当下，这些为体育的良性发展提供了条件，也奠定了物质基础。人们更加注重生活质量，更加提倡健康的生活方式，对休闲娱乐的需求大幅提升。在此基础上，人们的体育意识和体育观念必将随之提高，从而由观念引发各系统间的互相协调、互相促进，并通过体育对社会运行状态的互动，从经济、文化、教育、科技等子系统的发展对体育系统进行科学的研究。

（五）体育制度

在和谐社会里，身体健康、生活幸福是人民群众确定不移的需求。回归体育本源，注重以人为本的群众体育的发展是和谐社会体育发展必须遵循的基本要求。因此，国家体育机构和体育组织制定并实施各种总体制度、领域的制度、具体的行为模式和办事程序。通过对参与者、社会体育指导员、社团、场所、活动、经费等六个方面进行约束和管理，为形成良好的生态体育环境打下基础。

（六）大众化的传播

体育的"社会化"特性，使"大众化"的传播成为最有利的方式。主要表现在以下几个方面：体育大众化的传播使人们对体育态度与行为有了认识；缩短了体育与人们的社会距离；使体育运动的传播速度迅速加快，社会覆盖面加大；为体育树立形象；为社会提供体育娱乐，改变人们的生活方式；体育运动通过大众传播媒介可以吸引社会注意力；推进体育产业和体育市场的发展。

三、体育对象建构的特点

在童昭岗等人所著的《人文体育——体育演绎的文化》一书中，曾详细地讨论过体育的起源问题。他们总结为劳动起源论、军事起源论、游戏起源论、宗教起源论、教育起源论等。不论是哪一种起源，从中都能明显地看到体育文化的人类创造、建构的痕迹。因此，可以清楚地看到体育对象是人们在长期的社会历史实践中创造出来的，或者说是建构出来的。之所以用"建构"这样一个词，主要是为了凸显体育对象的人类创造的特征。体育对象的创造或建构具有以下特点：

（一）经验的特点

体育对象在建构过程中，具有具体经验性的总结特点。现代体育的快速发展，离不开高科技的发展，通过更加科学化的理论和实践，构建了非常完善的体制和发展模式。这也为新的体育模式创造和建构提供了有利的依据和经验。

（二）理想化的特点

在体育对象的创造过程中，人们对生活经验进行了理性的再思考，增加了简洁、实用、适用、方便等理性元素。正因如此，现代体育与健康目标的描述本着从运动参与、运动技能、身体健康、心理健康、社会适应等五个领域的内容标准出发，全面细致地考虑了人体对综合素质提高的需求。但在实际利益的驱使下，各种竞技运动项目的不断扩张，并没有完全考虑到社会的适应性，对人类的生存环境产生了不和谐的因素，使人们对体育态度、体育意识有了另一种认识。

（三）科学与艺术完美结合的特点

体育必须遵循体育科学原理，包括人体科学原理，因此体育是科学，也是艺术。而传统体育文化作为体育中的一部分，有着其悠久的历史底蕴，如中国传统武术。习武一来可以强身健体，二来可以防御敌人进攻。因此，它具有极强的实用功能。但是，武术不仅具有极强的实用功能，而且还具有浓郁的艺术特征。在武术运动过程中，人们通过各种招式的学习与运用，展现出一幅美妙的画卷、和谐的韵律、恰当的节奏、强烈的动感，让观赏者体会到武术起伏变化、动静结合、刚柔并济的特点，十分引人入胜。武术的动作讲究上、中、下三盘错落，忽而向上，让人感觉到鹰击长空的气概，忽而又俯身向下，运动交替变化，姿态均衡恰当，无论在哪种状态都可以使人感受到武术的美感与动感，令人回味无穷。无论是观赏武术运动，还是切实地加入到武术运动中去，人们都可以感受到武术的美，不断陶冶自己的情操，提高自己的艺术修养与审美。所以，继承和发扬具有中国特色的传统体育是非常有必要的。

（四）物质文化与精神文化双赢的特点

体育活动不仅为人们创造了丰富的精神食粮，也为人们创造了大量的物质食粮。人们建构的体育对象既具有物质文化（如体育器材等）的特征，为社会创造了大量的物质财富，成为经济活动的一个重要引擎；同时，又具有精神文化（如体育的精神、运动技术等）的特征，使人们受到美的精神熏陶。由于大量的体育运动器材、场地的创造，使得人们能够很好地进行体育锻炼，参与体育活动，学习体育运动技术；更由于体育创造的精神文化，使人们具有了"英雄"的楷模、公平竞争的样板、奋勇拼搏的榜样等。体育活动还为人类提供了一种好的休闲方式。它不仅有利于人类通过参与体育休闲活动，恢复体力，活跃精神，向榜样学习，还有一点也显得特别重要，那就是使人们远离那些不正确的休闲活动，如赌博等。另外，体育正在成为一个重要的服务行业，为人们提供健康咨询、指导、训练等，成为第三产业中的重要一环。

（五）功能性与社会性结合的特点

人们创造或建构的体育对象与其他学科所创建的学科对象具有一定的相似性，都是人类创造的科学对象。新的体育模式的构建，是顺应社会环境的理性发展，它具有重大的社会意义，如社会凝聚力、感染力以及代表国家的文化利益等。它是人类文明发展的必然产物。

（六）自由性的特点

体育对象的创造或建构不仅在一定程度上体现了人类的思维创造力，而且在一定程度上依赖于人类思维的自由想象力。

（七）模仿与独立结合的特点

关于体育文化的起源，有很多种观点，如劳动起源、军事起源、游戏起源等等。近年来，通过对体育文化的不断研究探索，我们可以发现，尽管体育文化的起源论有很多，但是最初的最古老的体育对象，应当是源于人类对一些自然现象的简单"模仿"。随着时间的推移，人们逐渐褪去了野性，开始向着人性化的方向发展，他们开始意识到自己的独立性，于是，人类开始了自己的体育创造。随着体育创造的逐渐成形，此时自然界或者外部环境已经无法再对体育造成影响，它主要是受到自身内部的发展规律所限，从而独立地发展或者消亡。在这个过程中，自然界还会不断地提出各种问题，启发人们更进一步地去发展完善已有的体育对象，并不断地创造出新的体育对象。因此，在这样的过程中，体育反复受到外部启示与内部规律的作用，不断地发展、完善、演化，最终形成了独具特色的体育文化。

四、体育文化模式的建构路径

随着我国经济不断发展，国际交流日益增加，体育文化也处于不断地转型建构之中。当前社会发展迅速，体育文化也要不断地创新完善、与时俱进，这样才能够跟得上时代的脚步，满足人们的需求。在当前社会背景下，体育文化转型架构的基本路径有：在学校内，重视对中国体育文化的弘扬，向学生们传授中国体育文化的知识，增强学生的体育意识，将学校作为中国体育文化的主阵地；不断地挖掘、传承、发展中国传统体育文化，完善其不足之处，使其向着规范化、系统化转变；大力促进中国体育文化的创新，使其不断发展，与现今社会相契合；增强国际间的交流，参与、组织高水平的国际赛事，拓宽眼界，增长见识；在承办奥运时，大力弘扬我国的体育文化，推进我国的体育文化建设。

人们进行体育活动，其目的有增强体质、发展身心健康、提高运动技术水平、丰富社会文化生活等。在人类社会发展过程中，体育从最初被创造出来，就一直伴随着人类社会不断地发展，逐渐成为一个专门的领域。体育是一种有意识、有目的、有组织的社会活动。而体育文化，则是体育在文化上的再反映。

不同民族有着不同的文化，各民族的文化是与本民族的地域、社会结构、风土人情等息息相关的。本民族的文化一定是与本民族相适应的，是在本民族的特色基础上发展形成的。民族传统体育文化便是如此。所谓民族传统体育，是指由特定民族开展的、具有浓厚民族文化和特点的传统体育活动。它是由历代传承下来的民族文化形式，体现了各民族的生产和生活，具有十分特殊的文化价值。另外，民族体育文化是民族文化的重要组成部分，是历代传承下来的根本性的准则、模式的总和，体现了民族精神，深深地根植在人们的心中。各个民族对于传统体育文化有着不同的认识以及不同的价值取向。中国的传统体育文化是一个十分复杂的体系，它是各民族体育文化的总和，集各民族体育文化之大成，具有十分丰富的内容。它不仅包含气功、武术等运动形式，还包括一些具有民族特性的风俗习惯，对于民族文化的传承有着十分重要的作用。目前，社会飞速发展，国际交流日益增加，西方国家的文化越来越多地传入中国。西方的体育文化强势入侵全球，形成霸主之势。在体育文化全球化的今天，我国的传统民族体育文化遭受了不小的冲击。甚至有部分人认为相比于我国的传统体育文化，西方的体育文化更符合体育文化的竞技性，也更加符合时代的发展。因此，目前，对于中国传统体育文化的传承与发扬已经刻不容缓。

在体育文化全球化的今天，要想更好地传承中国传统体育文化，就要理清中国传统体育文化的发展脉络，不断挖掘其内在的含义、价值、特征与表现形式，在更高的层面上去理解中国传统体育文化，从而对它形成一种价值认同，进一步去解读传统体育，建构其发展前景。

中国传统体育文化是各民族体育文化、风俗习惯的总和，体现了不同民族的认识与思想，具有多个层面的文化特点和价值含义。各个民族不同的体育文化与风情民俗经过长时间的发展演变，最终融合在一起，形成一个完整的文化体系。中国传统体育文化中具有的这些不同层面的价值与文化的内涵与特点主要表现为以下几层：第一层，各个民族的文化相互交流融合，最终汇聚成一个完整的文化体系，这表明各个民族间已经突破了各自的屏障，打破了文化交流的界限。各民族体育文化不断集中整合统一，从而内化出传统体育文化的思想体系与精神内涵。其中，融合统一后形成的这种思想体系与精神内涵，也就逐渐指导着中华民族对传统体育文化的价值判断与思想共识。尽管，随着时间的推移、社会的进步，人们对于体育文化的思维方式与价值观念也在不断地发生变化，但是人们始终还是遵循着文化发展的一般规律，将符合传统体育文化发展的价值与思想融入其中。因此，整体来说，在传统体育文化中之所以具备如此明显的民族特征，就是因为它们是由各民族整合统一而成的，是各个民族的思想、价值、文化、精神的结合体。第二层，是指传统体育文化具体的组织形式以及表层的风俗、规则等。在早期的传统体育文化之中，很多都是从各地的宗教活动与风俗习惯演变发展而来的，这些活动不仅为早期的体育的形成、传播与发展做出了很大的贡献，而且在各种体育活动中发挥着连接桥梁的作用，成为各种体育活动之间交流的纽带。在民间有很多体育文化活动都是起源于祭祀或庆祝等活动，如舞龙、舞狮、赛龙舟等。第三层，在当时的传统体育活动中包含着人们的思想意识与价值观等精神内容，这些精神意识方面的内容物化为传统体育项目实体。通过观察这些传统体育活动的形式和内容，我们可以发现它们就是传统体育文化精神实质的体现。但是受到这些因素的制约，在传统体育刚刚形成的时候，它十分强调动作的非自然性，大多数动作是在模仿动作的姿态，而且主要采用的是与人类正常姿势相反的动作。其动作形态多以球形、环形、圆形等为主，强调在进行动作时要充分锻炼到小肌肉群、小关节。

在以上的三个层面中，我们可以发现中国传统体育文化体现出十分鲜明的民族特征。这些民族特征不仅使得我们可以确立自身的文化身份，还展现出与其他体育文化十分不同的价值内涵。中国传统体育文化的这些价值内涵在我国历史上延续了2000多年，这主要是因为它能够满足不同时期人们的需求。通过研究不同阶层的人们对中国传统体育文化的价值取向和思考，我们可以得出一些关于中国体育文化的价值内涵的某些共识。首先，中国体育文化受到中华民族母体文化的深刻影响。在中华民族的传统文化中，包含了许多内容，如儒家的道贯乾元、老庄的冲虚周行妙道、墨家的天志兼爱等。这些思想比较注重整体的"和谐"、人生的逍遥以及最终实现道德的升华等，它们深深地影响着中国传统体育文化的形成与发展。在中华传统文化中，对传统体育文化影响最深的两种观念就是礼系观和嬉戏观。礼系观要求体育必须在"礼"的节制下发展，它将体育运动与道德培养和民心教化联系起来。相比于礼系观，嬉戏观并不是那么的严格，它将体育运动看作一种娱乐节目，以供不同阶层的人们在闲暇时娱乐自身。礼系观和嬉戏观都与儒学有关，将这两种价值观融入传统体育文化，展现出人们对于儒家学说的推崇，同时也有助于我们确定体育的社会地位。这两种价值观在很大程度上规定了体育的内在特点、价值和具体的表现形式。因此，在中国传统体育文化的价值中展现出"相生""相克""相乘""相侮"的基本特性。整体来看，人们对于传统体育文化的价值认同并不是指向体育运动本身，更多的是指向了身心与万物的和谐统一。

随着传统体育文化的内涵与价值不断地发展演变，当人们对于它达成某种共识后，这种价值体系就成为传统体育文化中一种普遍存在的事物，并在历史的长河中通过各种价值实现形式表现出来：在传统体育文化之中，那些具备鲜明民族特色的价值体系的生命力日益成长旺盛，最终成为价值实现的主体。因此，对于如今的传统体育来说，要有一个基本的共识，传统体育一直在不断地更新迭代之中而那些承载着时代精神与民族精神的传统体育则应该成为价值实现的主要载体，我们要不断地将它们发扬光大。

传统体育文化蕴含了千百年来人们的思想与智慧的结晶，具有十分丰富的思想与文化内涵，同时也体现了中国人的人生追求。与西方体育活动相比，一些流传下来的体育活动，如太极拳、武术等也有着很明显的长处和优点。其中天人合一、群体本位的体育思想，不仅能够培养人们的精神品质，同时还能够规范社会行为，加强民族团结，有助于人与自然的和谐共生。因此，我们要不断地传承、发展、创新传统体育文化，这对于现代体育来说具有十分重要的现实意义。

（一）基于文化传承的民族传统体育模式构建

1. 树立正确的指导思想

传统体育项目的特色和文化传承的特色相同。党的十八大会议指出，建设生态文明，是关系人民福祉、关乎民族未来的长远大计。面对资源约束趋紧、环境污染严重、生态系统退化的严峻形势，必须树立尊重自然、顺应自然、保护自然的生态文明理念，把生态文明建设放在突出地位，融入经济建设、政治建设、文化建设、社会建设各方面和全过程，实现中华民族永续发展的思想理念。体育改革应将党的十八大会议作为指导思想，以人们的身体状况、学习能力等方面的实际情况为依据，在进行传统体育的实践过程中将传统文化有效导入其中，使人们能够一边学习民俗体育、传统武术等项目，一边学习相关的传统文化知识。将民族体育传统文化特色凸显出来，不仅能够增强人们的体质，还能让人们深刻地感受到传统文化的魅力所在，在学习传统文化的过程中修身养性。

2. 构建完善的传统体育体系

除了太极拳和长拳之外，我国还有其他多种多样的民族传统体育项目。因此，我们要以现阶段高校已开展的传统体育项目为依据，整合传统体育教学内容并对其进行分类，以此来构建和完善传统体育体系。教学内容可以分为四大类，分别为养生功法、武术、民俗体育和少数民族体育。其中，这四类传统体育教学内容又包含各种各样的体育项目，如养生功法类有五禽戏、八段锦和易筋经等项目，武术类有太极拳、长拳、武器等项目，民俗体育类有跳绳、踢毽子、舞狮等项目，而少数民族体育有木球、博克、珍珠球等项目。这些种类繁多的传统体育项目各自具有不同的特色，其中蕴含着丰富的中国传统体育文化，我们应该对其进行挖掘和整理，使其更加科学、系统和规范。

中国传统体育项目产生于特定的社会和农业文明的背景下，其中既有积极、精华的组成部分，同时也包含一些消极、落后的内容。因此，我们要带着批判的思维对传统体育文化进行继承，剔除其中的糟粕，吸收其中的精华和优秀文化。同时，在对传统体育文化进行继承的过程中，对于一些旧有的、落后的内容，我们可以进行改革和创新，不断地对传统体育文化进行继承和发展，使其内容更加丰富。此外，我们还要从传统体育中学习民族智慧，将其中优秀的体育文化进行弘扬，如传统养生、健身方法以及其他科学合理的体育项目，并将新时代竞争和奋进的体育精神贯彻到这些体育文化当中，使其更加科学和完善，能够不断地发展，为现代体育的发展提供新成分、新内涵和新要素。

我们要有着长远的战略眼光，选准发展的重点进行优先发展。可以选择一些有着鲜明特色的、有着明显健身效果的传统体育项目（如武术、围棋、龙舟竞渡、中国式摔跤、放风筝等），合理地运用现代体育科学的理论和方法，对其进行加工和整理，使之既能够保持民族特色，同时又富有时代性，逐步使其更加科学和规范。

此外，我们还要更加深入地研究中国传统体育项目的竞赛规则，制定各种健全的竞赛制度。尤其是武术，以往我们总是过于注重武术的套路以及套路的数量，而将无数特有的文化内涵和竞技性忽略了。

在对传统体育文化进行挖掘和整理的基础上，我们还应该对其进行保护、发展和弘扬。正如鲁迅先生所说："越是民族的东西，越属于世界。"现阶段，我们要想让传统的体育文化能够与世界接轨，首先要考虑的一个问题就是对中国传统体育文化的重新审视，不仅要保护好传统体育项目，还要对其中的优秀文化和体育精神进行弘扬，如互助友爱、包容和谐、自强不息、诚信礼让等。与此同时，我们还要通过各种途径，对传统体育进行深入的研究和宣传，使中国传统体育文化的精华内容能够融合到奥林匹克运动当中，并逐渐使优秀的传统体育项目走向成熟和职业化，进入奥运会的运动项目当中。这样一来，我们就能共同构建多元一体的世界体育文化新体系，不断地对现代体育的内容进行补充、丰富，并在此过程中将中国体育文化进行发展，为未来世界体育文化的发展做好准备。

通过学习这些传统体育项目和传统体育文化，人们的体质不仅可以得到增强，而且还能了解和传承传统文化。例如，太极拳是中国传统体育项目，其动作行云流水，在学习太极拳的过程中，人们不仅能够提高品格修养，还能感受到中华武术中所蕴含的谦虚、守信等良好情操。再如，人们在练习一些民俗体育项目的过程中，还可以了解和学习到这些体育项目背后所蕴含的中国传统民俗文化，并对其进行传承。

3. 突出传统文化特色方式

在对中国传统体育文化进行传播时，我们要注意把握体育健身、休闲的特点，让人们在学习和进行传统体育项目健身锻炼的过程中能够深切体会到传统民族文化的魅力以及所带来的文化冲击，改变以往单一的锻炼方式，走向多元化。

国家体育总局应当以人们的年龄、性别和其他实际情况来进行传统体育项目的展示和宣传，对人们进行引导，使人们能够对传统体育产生学习兴趣，更好地投入其中。此外，还应改变以往单一的动作示范模式，采取不同的方式让人们能够更好地领悟体育项目的动作要领并了解其中的体育文化，例如加入影片资料以及影视资料等；同时还可以多种练习方式，如小组互助、互相切磋等，帮助人们更快、更好地掌握动作要领。在学习同一个体育项目时，也应当开展多元化的练习方式，根据人们个体的差异来选择练习的方式，确保绝大多数人能够领悟传统体育项目中所蕴含的体育文化、掌握基本的动作要领。

4. 加强国际交流

交流可以促进文化的发展。当今世界是一个开放的世界，中国是世界的中国，所以我们要明确一点：不同的文化之间需要交流，并且在交流中彼此会不断地产生影响，甚至融合互补。

一个民族的文化也是全人类的文化。我国传统民族体育文化的发展，要以我国的具体国情为依据，把握好自身的优势，找到发展的方向，进行宣传和普及。为了能够让更多的人对中国体育产生学习的兴趣，我们可以借助电视媒体和互联网的力量，对中国传统体育文化的内容、价值和意义进行宣传，并不断将其影响力进行扩大。与此同时，还要将竞赛杠杆的作用充分发挥出来，如举办全国性的体育大会和充满民族特色的体育比赛、开展中国传统体育表演、与世界运动会接轨等，从而满足人们不同层次的需要；还可以鼓励西方人参与其中，让他们能够在参与的过程中充分感受中国传统体育项目的趣味性，在国际上进行宣传和发扬中国传统体育文化，推广我国民族传统体育项目。

5. 将学校作为主阵地

中国传统体育的发展要将学校作为主阵地，从学生抓起，在校园中大力推广传统体育文化教育。目前，武术项目已经进入了我国大、中、小学的体育课堂，成为我国传统体育的典型代表项目之一。为了能够使武术教学取得更好的教学效果，我们必须从体育的教材和教学内容等方面入手，使武术教学的比重增加；同时加强对中小学武术教师的培养，武术教师也要将与传统体育项目有关的内容加入日常的体育课程教学的内容当中，让中国传统体育与现代体育相结合，两者互相补充，使学生能够在学习体育的过程中既传承中国传统体育文化，又能赋予传统体育更持久的生命力。只有中小学生都练习武术，我国才能有越来越多的了解武术的人才，当这些学生离开校园、走向社会之时，他们可以为营造良好的社会体育文化氛围。其次，我们还要将传统体育项目在群众体育和竞技体育当中进行大力推广和普及，动员各种媒体对传统体育项目当中蕴含的深层次的文化进行广泛宣传，对其中具有健身、娱乐、教育性的内容进行充分的挖掘、整理和弘扬，找到一条新的发展传统体育的形式。例如，我国借助2008年奥运会的契机，设立了"中国体育节"和"奥林匹克日"等节日，并且举办了一系列能够体现中国传统体育文化与世界体育文化互补互动的教育活动，使中国传统体育文化得到了大力弘扬，中国的传统体育精神也得到了广泛普及。只要我们能够找到将中西方体育文化结合的最佳方式，寻求更好的、更新的方法来发展传统体育思想，并将这些思想和方法运用到体育教学实践过程中，就可以使中国民族体育得到更好的发展，使我国民族体育项目的知名度大大提高，为日后我国传统民族体育项目能够登上奥运体坛而打下坚实的基础，做好充分的准备。

6. 促进中国体育文化创新

如果想要让我国民族文化能够始终在世界文化中占有一席之地，其中最重要的就是要在已有的文化基础上对其进行不断的超越和创新。一个民族想要取得进步，就必须不断地进行创新。任何一种文化当中都存在一定的缺陷和一些亟待解决的问题，所以如果一种文化想要不断地完善和走向全面，首先必须具备开放的态度以及秉持创新的态度。民族文化的发展是需要以继承为主要任务的，但对已有文化的继承与对文化的超越并不是相互违背的。我们要认识、了解和传承传统文化，同时又不能墨守成规、一味守旧。

其实，文化的发展并非只是对文化的原有内容进行重复和传播，而是需要在传承的基础上对其进行不断的创新。文化是兴盛还是衰败，关键就在于是否进行了创新。文化没有进行创新就会逐渐失去发展和生命力，逐渐倒退，无法适应新的时代。因此，我们要明白，真正的继承是要对原有文化进行超越，同时不能失去原有的传统和特色。民族体育文化要想在将来世界体育文化当中能够始终占有一席之地，不阻碍我国的前进和发展的话，就必须在对民族文化的传承中进行创新和发展。

英国历史学家汤因比曾经对人类历史上很多强盛文化的兴衰过程进行过详细的调查，他发现，但凡通过利用已经成功的经验来应对新挑战的文化都已经在历史中被淘汰了，一种文化只有不断地进行自我更新、创新和发展，才能在遇到新的挑战时做出创造性的应答，保持自身旺盛的生命力。因此，我们要以世界先进体育文化的水准作为标准，对我国的传统体育文化进行重新审视，在此基础上对其进行合理的创新和超越。在此过程中要注意，我国民族传统体育文化的创新和超越既不能背离原有的历史传统，也要和世界体育文化的频道同步，要不断地取长补短，保留中国体育文化的精华，吸取西方体育文化的长处，从而创造出一条能够适应时代、满足人们需要的传统体育文化新道路。在对传统体育文化进行创新的同时，我们也要明确，中华民族要保留自身的主体文化和鲜明的风格，打造属于自己民族的文化精品；要使传统体育文化保持文化独立性，同时对西方体育文化中的有益成果保持开放和学习的心态。

事实上，没有任何一个国家和民族能够完全避免吸收和融入外来的民族体育文化，例如，我国对篮球运动赛制进行改革时，就是以NBA（National Basketball Association，美国男子职业篮球联赛）的模式为根据来进行的，并且最终取得了良好的改革效果。然而，对其他优秀文化的吸收和借鉴并不等同于对其进行照搬，而是要结合中国篮球运动员和中国市场的情况来进行的自主创新，从而找到一套适合中国国情的中国篮球运动模式，只有这样，CBA（China Basketball

Association，中国男子篮球职业联赛）才能保持持久的生命力。如果只是对他人的文化或者模式一味地进行模仿和引进，这样的结果只会是缺乏后劲、丧失自主性，无法打破落后的局面。因此，我们在对外来优秀文化进行吸收融合时，要以本民族体育发展的需要为根本依据，对西方体育文化中最前沿的、最突出的研究成果进行借鉴和学习。我们不仅可以将一些西方优秀的运动项目移植到我们国家来，如赛车、马术、网球、棒球、攀岩、滑翔等；而且还要对西方先进的体育思想和体育观念进行吸收和借鉴，如竞争观念、自我价值的实现等；此外，我们还要对西方先进的管理方式进行吸收和借鉴，如体育俱乐部制、体育职业化等，并且将其与我们民族的文化进行融合和升华，只有这样，我们才能使本民族的体育文化不断地丰富和发展，使其具有持久的生命力。随中国体育文化的进步和发展，我们还要不断寻找我们民族创新的动力源泉，提高本民族的自信心和文化竞争力。21 世纪是一个需要通过创新来在世界上赢得竞争优势的时代，我们必须以坚持本民族的个性为基础，不断地进行创新和发展，使得中国体育文化越来越丰富，取得更好的发展。

7. 以承办奥运为契机

2008 年北京奥运会秉持的是崇尚自然、以人为本、天人合一的体育观念，是一个能够展示我国体育运动水平的过程，进而体现我国的综合国力，并且还能促进中西方文化的交流和融合，是一个能够对西方优秀体育文化进行吸收和借鉴的良好机会，同时，它也为中华民族传统体育进入世界体坛提供了机会。因此，我们应该将 2008 年北京奥运会作为契机，对我国体育文化进行大力地推进。一方面，我们要对本民族的体育文化进行大力弘扬，将其中符合社会发展的人文精神弘扬出来，加速研究和推广传统体育项目，使中国体育文化能够面向世界，与西方优秀的体育文化进行交流与融合，努力使中国体育文化的精华能够被奥林匹克运动所吸纳；另一方面，我们也要以本国体育实际情况为依据，对西方体育活动的方式进行加工改造，再有选择地进行吸收，因为西方体育文化是世界先进体育文化的组成部分，对我国体育文化的改造具有加速作用，可以使我国的体育文化不断吸收和融入新的血液，使中国传统体育能够更快地进入世界体育的行列。与此同时，为了能够使中国体育持续健康发展，我们必须正视当前奥林匹克运动发展当中出现的各种问题，例如过度商业化、滥用兴奋剂、过分强调比赛成绩而忽视运动员心灵的提升以及全面的发展等，并且针对这些问题找到合适的解决方案，使我们在推进中国体育文化建设和发展的过程中能够做到以人为本，积极构建出良好的社会体育氛围，切实保护运动员的身心健康和人身安全，在体育运动中将运动员放在主导地位，突出运动员的核心价值，把运动员的发展视为体育运动的出发点和最终目的；此外，我们还要对"公平、公开、公正"的体育精神进行大力弘扬，使体育运动能够重新具有保证运动员身心健康以及娱乐的价值属性，使运动员的身心能够得到全面、均衡的发展，使体育运动"更健康、更人性、更欢乐"的价值能够得以实现。于是我国在申奥时就及时地将"人文奥运"的口号提了出来，主张体育运动人文化，主要就是为了使中国的优秀传统体育文化能够被奥林匹克运动所吸纳，丰富其文化内容和运动理念，使奥林匹克运动能够真正发挥促进人和谐成长以及社会和平发展的作用，并以此为基础，使现代体育文化能够走上可持续发展的道路。

中国应该通过自己的方式，使自己的优秀传统文化面向世界、走向世界。如果我们只是采取奥运会的模式来开展中华武术，那么中华武术就会如同西方一般的体育项目一样，失去其本身所蕴含的民族特色以及文化内涵，其走向世界的意义也就不复存在。将中国传统体育项目列入奥林匹克运动会项目当中是我们的目标，尽管中国传统体育项目在全球化过程中与世界上其他文化的融入和发展的速度目前较为缓慢，但是我们要保持耐心，不断能努力，争取这个目标能够早日实现。

与此同时，我们可以以 2008 年奥运会的成功举办为契机，以我国体育发展的现状为依据，对中国体育全面振兴的战略进行规划。我们筹办 2008 年奥运会的总体构思是将中西方体育文化进行融合，其中设计奥林匹克运动项目时是以西方体育项目为主体，并将我国的民族传统体育项目进行普及和宣传，使之能够得到科学化发展，在世界体育文化发展主题的基础上，将我国的体育文化特色淋漓尽致地展现出来，最终实现普及奥林匹克运动与发展中国传统体育项目的目标，使两者共同发展、共同繁荣，只有如此，中国对奥林匹克运动的发展发挥的作用才是有价值和有意义的。

北京大学教授季羡林先生认为，21世纪将是东方文化以中国文化为主、为基础的世纪。随着中国体育文化的不断发展，中国传统体育项目开始以鲜明的民族特色被世界各国的人们所喜爱，中国体育文化也会引起世界上越来越多人的关注，它将与世界体育文化共同发展，始终屹立于世界文化之林。

第二章 生态文明背景下的体育文化

本章主要介绍生态文明背景下的体育文化,主要从三个方面进行了阐述,分别是生态文明与体育、生态体育观和乡村建构生态体育的必要性与可行性分析。

第一节 生态文明与体育

一、生态文明概述

生态文明属于人类文明发展的阶段之一,是继工业文明之后出现的新的人类文明形态。生态文明是人类在遵循人、自然、社会和谐发展这一客观规律的基础上,取得的一系列物质与精神成果的总和。生态文明的基本宗旨是实现人与自然、人与人、人与社会之间和谐共生、共同发展的目标,是一种能够良性循环的社会形态。从人与自然和谐相处的角度来看,生态文明的定义为:生态文明是人类为保护和建设美好生态环境而取得的物质成果、精神成果和制度成果的总和,是贯穿于经济建设、政治建设、文化建设、社会建设全过程和各方面的系统工程,反映了一个社会的文明进步状态。生态文明建设的评价指标体系主要可以分为四个方面,分别是生态经济、生态环境、生态文化和生态制度。

300年前的社会形态是工业文明,其主要特征为人类对自然的征服。世界的工业化发展使人类对自然的征服达到了极致,地球上开始出现一系列全球性的生态危机,这说明地球无力再支撑人类工业文明的持续发展,所以人类如果想要延续自己的生存,就要开创一个新的文明形态,也就是"生态文明"。如果将农业文明视为"黄色文明",将工业文明视为"黑色文明"的话,那么生态文明可以说是"绿色文明"。

我们所坚持的和想要实现的中国梦中就包括了中华民族生态文明的发展模式。在生态全球化的背景下，中华民族以人类世界历史生态、文化生态和现实生态为出发点，将人格文明、生态文明、产业文明的提升作为发展方向，采取发展宪政、优化体制、优化结构等方式来全面提升公民的意识和认知水平，通过真正的民主来将公民的社会存在反映出来建立相关的社会公众信仰以及法治秩序，使社会各个阶层的公民都能够公开自由表达自己的观念，借此来真实地公共表达社会真理，把提升人格质量作为国民教育的首要地位，使人们在群体公共事物中的智慧能力得到有效提高，把发展生态文明作为战略首要目标，使文明产业化社会的上升能力得到极大提高，将未来发展的战略视为国家建设的首要目标，使我国在国际社会中的战略产业能力得到极大提升，秉持公众人本信念及其相应的伦理精神，推动联合国的改革，提高联合国尊重和维护人的能力，实现生态文明的发展。

党的十八大会议指出了建设生态文明的重要性，其关乎着人民的福祉和民族未来的发展。目前，全世界的所有国家都面临着资源日益紧缺、环境污染日益严重、生态系统面临退化的严峻形势，因此，我们必须首先树立起尊重自然、顺应自然和保护自然的理念，重视生态文明的建设，使之与经济建设、政治建设、文化建设以及社会建设的各方面融合起来，共同实现建设美丽中国的目标，实现我国的可持续发展。

作为全球最大的发展中国家，中国从实行改革开放起，长期实行的经济增长模式主要是依赖增加投资和物质的投入，这就导致了大量的资源和能源被消耗和浪费，进而使得中国的生态环境开始面临严峻的挑战。事实上，我国党和政府早就开始意识到尊重和保护生态环境的意义，在党的十七届五中全会中就明确提出了"树立绿色、低碳发展理念"的要求，开始推广建设绿色建筑、实施绿色施工；发展绿色经济和绿色矿业；大力推广绿色消费模式，推行政府绿色采购的举措等。在"十二五"规划中，不仅列入"绿色发展"，还独立成篇，这明确表现了我国要走绿色发展道路的决心。在党的十八大报告中，"生态文明"被再次论及，并被提升到了更高的战略层面上。由此，中国特色社会主义事业总体布局得到了进一步的拓展,由原来的"四位一体"(经济建设、政治建设、文化建设、社会建设)扩展到了"五位一体",将生态建设加入其中,这是基于国内外总体大局来实行的一个贯彻落实科学发展观的新部署。

在党的十八大报告中,"生态文明"被列为第八部分单独进行阐述,这是在过去的报告中没有出现过的。生态文明中又纳入了环保、资源节约、循环经济等概念,并将生态文明与其他四大建设(经济建设、政治建设、文化建设、社会建设)一并列为五大建设主题。此外,报告中首次出现了"节约资源是保护生态环境的根本之策""实施重大生态修复工程"这两条内容,足以显示出政府对其重视之深。

生态文明属于人类文明的一种,其主旨是尊重和维护生态环境,根据是生态环境的可持续发展,着眼点是未来人类的继续发展。生态文明强调人的自觉和自律,主张人与自然相互依存、相互促进、共同发展。

生态文明与以往的农业文明、工业文明存在相同之处和不同之处,其相同之处在于它们都主张在改造自然的过程中实现物质生产力的发展,使人们的生活水平能够不断得到提高;其不同之处在于生态文明比农业文明和工业文明更加重视对生态环境的尊重和保护,主张人在对自然进行改造的同时必须对自然保持尊重和爱护,不能随心所欲地对自然环境进行盲目蛮干。

众所周知,文明可以划分为物质文明和精神文明两大类,而生态文明与物质文明、精神文明之间既存在一定的联系,同时又有着一定的区别。

生态文明与物质文明、精神文明之间的联系在于生态文明中同时包含物质文明和精神文明的内容,也就是说,生态文明并非要求人们采取消极的态度对待自然,面对自然无所作为,而是要求人们把握自然的规律,并在此基础上采取积极能动的态度来利用和改造自然,使自然能够更好地服务人类,这与物质文明的观念是一致的;而生态文明又要求人类要对自然保持尊重,做到爱护自然,进而对人类的生活环境进行建设,并且要求人类树立起自觉、自律的生态观念,约束自己的行为,这与精神文明的观念也是一致的,并且这一点也是精神文明的重要组成部分。

生态文明与物质文明、精神文明之间的区别在于生态文明的内容无法仅仅用物质文明或者精神文明来概括,这也意味着生态文明有着相对的独立性。在社会生产力水平较为低下的时候，人类的首要追求就是对物质生活的追求，所以人类曾经有过"物质中心"的观念是很自然的事情。但是，随着社会生产力的日益提高，人类的物质生活水平也有了大幅度提升，随之而来的就是一系列的生态环境问题的产生，尤其是工业文明造成的环境污染、资源破坏、沙漠化等一系列全球性问题，这就使人类越来越意识到：我们在提高物质生活的同时不能忽略精神生活的重要性；在发展生产力的同时不能破坏生态环境的平衡；我们不能一味地向自然索取，同时还要对自然环境加以保护。

从20世纪七八十年代开始，世界上的各种全球性问题开始加剧，"能源危机"对人们的生活产生冲击，所以人们对关于"增长的极限"的问题在世界范围内开始了讨论，各种环保运动也在世界范围内开始兴起。在这种背景下，联合国于1972年6月在斯德哥尔摩召开了史上第一次"人类与环境会议"。在该会议上，著名的《人类环境宣言》被提出并得到了通过，此后全人类对环境的共同保护揭开了序幕，这也意味着人类环境保护运动的性质发生了改变，由先前的群众层面上升到了政府层面。随后，代际公平与代内公平被设为社会发展的目标，随着人们对这一目标认识的加深以及人们对于全球环境问题达成了认识，可持续发展的思想逐渐开始出现。

1983年11月，联合国专门成立了世界环境与发展委员会（World Commission on Environment and Development）。该委员会于1987年在长篇报告《我们的未来》中正式提出了可持续发展的模式。1992年，《21世纪议程》在联合国环境与发展大会上通过，其中将当代人对于可持续发展理论的认识进行了高度凝结。由上可见，生态文明的提出是基于人们在对可持续发展问题进行深刻认识后的必然结果。

严酷的现实使我们意识到，人与自然都是生态系统中非常重要的组成部分，人与自然之间并非统治与征服的关系，而是相互依存、和谐相处、共同发展的关系。人类应该与社会、自然、当代人以及后代人实现协调发展。人类的发展要同时考虑到代内公平和代际公平两个方面，不能仅仅考虑当代人的利益，也要充分考虑后代人的利益，更不能为了实现当代人的利益而牺牲后代人的利益，我们必须格外重视生态文明的发展，树立起可持续发展的生态文明观念。

对生态文明进行建设时，我们首先必须明白其核心要素，即公正、高效、和谐以及人文发展，在此基础上，构建节约能源、保护生态环境的产业结构、促进相应的经济增长方式和消费方式，形成较大规模的循环经济，提高可再生资源在总资源当中的占比，让全社会牢固树立起生态文明的观念。中国共产党第十七次全国代表大会提出，我们要坚持节约资源和保护环境，坚持保护和恢复自然环境，全面推行绿色发展、循环发展与低碳发展，在空间格局、产业结构、生产方式以及人们的生活方式上，树立节约资源和保护环境的观念，真正实现从源头上扭转环境恶劣的局面，为人民创造更加美好的生活环境，同时也为全球生态环境的改善做出贡献。为了实现全面建成小康社会的奋斗目标，新时期提出的新要求中高度强调了生态文明的重要性，这就充分体现了社会主义和谐社会的建设必须要具备与之相符的社会文明形态。

生态文明是社会主义的重要内容以及建设和谐社会的基础和保障，对践行科学发展观有着重要的意义。因此，我们要格外注重生态文明的建设，使我们在产业结构、经济增长方式以及消费方式上遵循节约能源资源和保护环境的原则，形成较大规模的循环经济，明显改善生态环境的质量，使全社会牢固树立起生态文明的观念。

社会主义和谐社会的建设需要我们将长期保持的生产生活观念和行为进行彻底的扭转，将社会发展中的不和谐因素逐渐消除，实现行为方式和思想观念的变革，这样才能建立起有别于传统的文明形态。

生态文明的建设和传统意义上的污染控制以及生态恢复之间有着明显的区别，生态文明的建设是对工业文明弊端的克服以及对资源节约型、环境友好型发展道路的探索过程。

因为我国人口基数与经济规模巨大，所以即使我们采用各种措施来进行末端治理，也无法彻底解决对环境造成的严重影响。我们要想真正做到与自然环境和谐共处，就需要从可再生能源入手，对清洁的可再生能源进行开发和使用，以此来高效地循环利用自然资源。我国正处于工业化时期，目前面临着巨大的挑战，但因为我国是后发国家，所以能够积极地对其他国家的经验与优势进行借鉴和学习，抓住目前的历史机遇，选择有效的措施来推行生态文明的建设。

此外，我们还要在思想上树立正确的观念，正确处理好经济发展与环境保护之间的关系，要转变我们以往的观念，从重视经济发展而忽视环境保护转变为将发展经济与环境保护放在同样重要的地位；从经济发展向前、环境保护滞后的局面转变为环境保护与经济发展保持同步的情况；从运用行政办法保护环境和解决环境问题转变为对法律、经济、技术和必要的行政办法的综合运用。此外，我们还要树立起保护环境以及优化经济结构的相关意识，重视环境保护这项重要的任务。

在政策上，我们应该从国家战略层面来解决当前所面临的环境问题。想要从源头上解决环境的问题，我们就需要将环境保护上升到国家意志的层面，将环境保护的意识贯穿于经济社会发展全局当中。在制定发展政策时候，我们要抓紧拟定与环境保护相关的经济政策体系，包括环境保护的价格、财政、税收等方面，一次性设计好总体制度，然后对总体制度进行分步实施到位，将鼓励经济发展的政策和鼓励环境保护的政策进行有机融合；在部署发展布局时，我们要注意遵循自然规律，划分全国生态功能区，以不同地区的环境功能以及其资源环境承载能力为根据，设置优化开发、重点开发、限制开发以及禁止开发等不同层级，以此来确定不同地区应该采取的发展模式，使各地区能够采取正确的发展方式，最终形成各具特色的发展局面；在制定发展规划时，我们要对重化工业的布局进行进一步的优化，同时对产业结构进行调整，转变我们的经济发展方式。

在措施上，我们应该制定并实施最严格的环境保护制度，如完善的法律制度、严格的环境标准、专业的执法队伍等。此外，我们还要建立相关的环境法规、政策、标准和技术体系来匹配现阶段我国经济社会发展的特点以及环境保护的管理策略；淘汰污染严重的落后工艺、技术、装备以及产品，禁止建设不符合环保要求的项目；使超标严重或者超总量控制指标的工业企业进行停产治理；对没有完成主要污染物排放总量控制任务的地区采取"区域限批"的政策；对破坏环境的违法犯罪行为进行打击和严惩。我们所制定的各种措施的核心要求就是要杜绝所有的环境违法犯罪行为，使任何破坏环境的个人和单位对其造成的环境损失进行补偿，以此来达到环境保护的目的。

在行动上，我们要动员全社会的共同力量来投身环境保护的行列当中。环境保护需要全民族的共同努力，因此必须依靠人民群众的力量，调动一切可用的积极因素来完成环境保护的事业。第一，我们可以对人民群众充分开展环境宣传教育，通过采取多种形式、多个方位以及多个层面的宣传方式，宣传环境保护的知识、政策以及相关的法律法规，大力弘扬环境文化，提倡打造生态文明的理念，从而使全社会关心、支持和参与对环境的保护；还要加强对相关人员的环保培训，尤其是领导干部和重点企业的负责人，使其依法行政和守法经营；还可以将环境保护加入素质教育当中，使青少年接受环境基础教育，提高其保护环境的自觉性。第二，我们还要加强不同部门之间的沟通与协作。环境保护部门在环境保护事业当中担任着重要的角色，是环境保护事业的"总体设计部"，而其他部门则担任着共同建设环境保护事业的参与者。要加强对环境保护部门的建设，完善其机构队伍，提高其建设的能力，使环境保护统一监督管理体制得到进一步完善。第三，我们要对有关的社会监督进行强化，将环境质量、环境管理等信息进行公开，使公众能够正常行使其环境知情权、参与权和监督权。还要对与公共环境权益有关的发展规划和建设项目采取相关的举措，如剧本听证会、论证会以及社会公示等方式，听取观众的反馈和意见，使这些项目能够受到舆论的监督。第四，我们要制定科技创新与科学决策的有关机制，以现阶段的环境污染情况为依据，以满足人民群众改善环境的愿望为目标，以研究全球性、区域性、流域性等重大的环境问题的原因与发展趋势为任务，利用先进的科技，使国家、地方政府对环境的监控、预警形成完备的技术体系，从而带动环境保护机制的发展与创新；还要进一步与国际社会加强交流与合作，对国际上一些环境保护的成功经验进行理性地学习和借鉴，积极的推动全球性、区域性的环境保护进程。第五，我们要健全公共参与机制，将社会团体的作用充分发挥出来，搭建平台，使各种社会力量都能参与到保护环境的活动中，并鼓励公众对各种环境违法行为进行检举揭发，从而推动环境公益的发展。第六，我们要大力推进对基层社会单元的环保工作，将环境保护作为建设社区、村镇任务中的重要内容，动员广大群众参与到保护环境的工作中，使每个公民都能够自觉地履行保护环境的义务。

  生态文明的建设与文化的建设之间存在着重叠之处，具体表现在，生态文明的建设和文化建设都需要处理代内关系、代际关系以及人类社会与自然界之间的关系，并解决这些关系当中存在的问题。

在生态文明理念的视角下我们可以发现，文化建设中存在着一个较为突出的薄弱环节，那就是没有树立起稳固的生态文化观念。因此，我们要树立生态危机意识，充分认识到保护地球环境的重要性，真正做到尊重自然生态环境，实现人与自然和谐相处、共同发展；要不断增强对生态资源的认识，对生态环境配置进行优化；还要转变经济发展的模式，使经济的发展不再以破坏环境为代价；还要转变我们的消费观念，采取科学合理的消费方式。

生态文明的建设和社会的建设之间存在着相互支撑的关系，其中，社会建设的关键是保障民生，而生态环境建设则是保障人民群众的生命质量和生活质量的最基本的民生项目。如果生态文明的建设能达到更高的水平，那么就能更好地维护作为基本民生需求的环境权益；同样，如果社会管理的程度越高，那么就能更好地建设生态环境。

文明的转型对于社会经济制度的变革有着重要的决定作用。农业文明推动了封建主义的形成，工业文明推动了资本主义的发展，而生态文明则会对社会主义的全面发展起到巨大的推动作用。马克思主义的提出超越了资本主义，是对工业文明进行的反思，因此生态文明不仅是马克思主义的内在要求，还是社会主义的根本属性。恩格斯说："人们会重新感觉到，而且也认识到自身和自然界的一致，而那种把精神和物质、人类和自然、灵魂和肉体对立起来的荒谬的、反自然的观点，也就愈不可能存在了。但是要实行这种调节，单是依靠认识是不够的。这还需要对我们现有的生产方式，以及和这种生产方式连在一起的我们今天的整个社会制度实行完全的变革。"[1]

我们从生态文明中可以发现其中蕴含的社会主义基本原则。社会主义生态文明的实现遵循以人为本的原则，并且反对极端人类中心主义与极端生态中心主义的观念，其中，极端人类中心主义对人类的生存制造了严重的危机，而极端生态中心主义则过分主张人类应该停止一切对自然进行改造的活动。生态文明主张的是认识价值的中心，而非自然的主宰，人在实现自身全面发展的同时也要保证与自然的和谐相处。此外，生态文明与社会主义在可持续发展和公平公正方法方面所遵循的原则也是一致的。

---

[1] 赵美玲. 马克思主义中国化与中国生态现代化[M]. 天津：南开大学出版社，2018：268.

社会主义的物质文明、政治文明和精神文明都与生态文明之间存在着密切的联系，因为没有良好的生态环境，人就无法进行物质享受、政治享受以及精神享受；如果生态环境不安全，人类就会陷入种种生存危机当中。因此，我们可以将生态文明视作物质文明、政治文明和精神文明的前提，我们应该将生态文明作为社会主义体系的基础。

另外，生态文明是社会主义的特有内容。生态文明超越了先前的工业文明，是一种更加高级的人类文明形态；而社会主义超越了资本主义，是一种更加美好的理想社会形态。由此我们可以看出两者之间存在着高度的一致性，这使它们可以作为彼此的基础，互相促进发展。社会主义为生态文明的发展提供了保障，而生态文明则为各种社会主义理论的高度融合与发展留出了足够的空间。

资本主义虽然可以让人们摆脱封建主义的枷锁以及宗教主义的禁锢，但是却给人们带来了新的剥削和压迫，这就是社会主义产生的原因。社会主义从产生开始，就面临着革命与改良这两种选择。社会主义可以分为科学社会主义和民主社会主义，无论是其中的哪一种，都需要对资本主义的发展进行研究，进而思考资本主义和工业文明对人类社会存在的利弊，这也正是生态文明的重要存在意义。

对于我国目前的情况而言，中国传统文化中所蕴含的生态和谐的观念为我国进行生态文明的建设提供了思想源泉，并打下了深厚的哲学基础。如今，中国共产党所提出的一系列新的政治理念，如科学发展观、建设社会主义和谐社会、建设环境友好型社会等，可以与生态社会主义以及社会可持续发展理念等思想进行互相学习和借鉴，这些优秀理念的融合，能够推动中国特色社会主义生态文明的建设，促进中华民族的伟大复兴，以及引领世界可持续发展的新方向，实现人的全面发展以及人与自然的和谐相处。

在全球化的当今社会，很多国家开始举办各种主题的生态运动，其中，北部国家的活动主题是防止污染，而南部国家的活动主题则是防止资源衰竭。要想彻底解决目前的全球环境资源问题，就必须做到全球协商、达成全球共识，在全球范围内逐步按照计划放弃传统的工业文明发展模式。相较于资本主义而言，社会主义更容易实现生态平衡，这是因为社会主义并非以利润作为生产目的。事实上，目前所面临的环境问题并不是社会主义的内在本质造成的，反而正是因为人们的生产生活违背了社会主义的这种内在本质而导致的，而当前世界上出现的资源矛盾为社会主义创造了发展的条件。

如今的生态社会主义补充了传统社会主义所缺少的内容。生态社会主义倡导将工人运动与生态运动相结合，共同与资本主义做斗争。然而，要想真正实现这一点并非简单的事情，这是因为有大量的西方的产业资本被转移到一些发展中国家，导致一些发展中国家的剩余劳动力减少了在全球的流动，进而导致了剩余劳动力的绝对过剩，并且导致了当地生态环境的恶化。生态社会主义在思想文化上可以为我们带来极大的启示，即社会主义的内在本质要求需要将全世界的工业文明逐步转型为新型生态文明。

二、体育文化生态系统

生态体育需要以生态文明观为指导理念，我们可以通过自然环境和社会人文环境两个维度，对现代体育进行反思，并通过多方面的努力，共同形成全新的体育理念。生态体育主张要树立良好的体育主体的生态意识以及相关的生态思维，保证体育与环境的协调发展。生态体育可以为现代体育提供更好的发展方向，北京奥运会极大地促进了生态体育的实现和完善，生态体育融合了"绿色奥运""科技奥运""人文奥运"三大理念，将促使人类社会朝着无污染、和平、公正、科学、和谐的方向发展。

根据生态系统的理论来分析体育文化，我们可以发现体育文化的主要因素有体育项目、象征符号、乡土情结、历史传承、文化认同、社会组织、体育环境等。体育文化生态系统与自然生态系统相同，有着自身独特的结构和功能。体育文化生态系统是一个开放的、有组织的系统，将体育文化与体育环境联系在一起，使两者构成了一个统一的有机整体；此外，体育文化生态系统还具有独特的结构、功能以及一定的自我适应、自我调节的能力，因此具有一定的稳定性。

对于体育文化生态系统的结构、特性、存在原因以及发展策略进行研究，可以帮助我们更加深入地认识和了解体育文化，促进体育文化的可持续发展。

(一)体育文化生态系统的结构

体育文化生态系统的结构主要由两个子系统构成,分别为体育文化与体育环境。

1. 体育文化子系统

美国文化人类学家怀特认为文化是有着生命和规律的一体化系统,并且他将文化这个系统分为三个子系统,分别为技术系统、社会系统和思想意识系统。其中,技术系统是由物质、机械、物理、化学等手段以及相应的技术构成的,如生产工具、筑居材料、攻防手段等;社会系统则是由集体与个人之间表现出的人际关系组成的,而社会系统还可以细分为各个小的系统,如亲缘、政治、军事、教会、职业、娱乐等;思想意识系统则是由语言及其他符号形式所表达的内容构成,如神话、神学、传说、文学、哲学、科学等。

受到这种观念的影响,文化学界至今仍然使用宏观的方式将文化分为三个子系统,分别为器物文化、制度文化和观念文化。而这三个子系统在文化中器物文化属于表层文化,制度文化属于中层文化,观念文化则属于深层文化。此外,还有一些其他的对于文化的理解:一些人将器物文化或者制度文化进行再次划分,分出行为文化这个系统,其中行为文化是指人们的生活和行为方式。也有一些人将心态文化视作器物文化和行为文化的内化,把制度文化视为器物文化和行为文化的外化。还有一些人从文化本体的角度对文化进行划分,将其分为文化特质、文化丛以及文化模式这三个不同的层次。我们可以将以上这些理论当成理解体育文化系统的依据。童昭岗等学者认为,文化在一般情况下都可以分为心理、行为、物质这三个层面,而体育文化同样也可以分为这三个层面:体育文化的心理要素、体育文化的行为要素以及体育文化的物质要素。其中,体育文化的心理要素指的是体育文化的精神和观念层面的内容,有时也可以称之为体育的精神文化;体育文化的行为要素指的是体育文化中包含的行为方式以及制度规范方面的内容,有时也可以称之为体育的行为制度文化;而体育文化的物质要素指的是凝结体育文化特质的各种物质实体,有时候也可以称之为体育的物质文化。而易剑东学者则认为应该将体育文化系统划分为体育物质文化、体育制度文化、体育精神文化这三个子系统。他的这种观点与当前我们对于体育文化的认识是相吻合的,本书中的内容也与这种观点基本一致。

2. 体育环境子系统

虽然在体育文化生态系统中,体育文化子系统是核心的部分,但是它却需要依赖一定的时空而存在,因此也必然会与时空中的自然系统和社会系统中的一些因子产生各种各样的联系,而这些因子就构成了体育文化中的体育环境子系统。简单来说,体育文化的环境指的就是体育文化生态所处的外部环境,我们可以将其简单划分为自然环境和社会环境两大类。体育文化的环境对于体育文化生态系统同样存在着非常重要的作用,它能促进体育文化生态系统的物质循环、能力流动以及信息交换的进程,从而使体育文化生态系统能够始终具有相对稳定性,能够始终处于良性循环的状态。

(1)体育文化的自然环境

体育文化的自然环境包括该地区的位置、地形特征、气候条件等内容。体育文化的自然环境指的是所进行的体育行为所具备的地理和气象条件,如大气圈、土壤圈、水圈等,是人类生存所离不开的各种条件,同时也是体育能够形成并得到发展的最基本的物质环境条件。自然环境对于体育文化系统以及处于该系统中的人不断地产生直接或者间接的影响。体育的发展离不开自然环境,人类在适应自然环境社会化的过程中会产生人类文化,而体育也是一种人类在适应环境过程中的产物,所以体育也是一种文化,即体育文化。人类要不断地适应自然并对自然加以改造,从而能够在自然环境中生存并得到发展,而体育就是在这个过程中逐渐产生的。

例如,西方的竞技体育和东方的传统武术等体育项目都是人类在不断地适应自然环境的过程中逐渐形成的;如今仍有很多体育项目需要依附于自然环境开展,如水上运动、学上运动、冰上运动等。又如,北方地区有着面积广阔的平原,北方的人们保持着简单朴素的生产生活方式,他们在与自然的斗争中形成了赛马、摔跤等体育项目;而南方地区气候较为温和,有山有水,其生产生活方式比北方较为精细,所以产生了游泳、潜水、赛龙舟等体育项目。

（2）体育文化的社会环境

社会环境是人类社会中所独有的一种生活环境，而体育的社会环境主要包括政治环境、经济环境、教育环境等方面。社会环境具有两重性：一方面，人作为一种生物有机体存在于社会中；另一方面，人又是一种带有社会性质的生命主体。体育文化生态系统是社会系统的组成部分之一，一方面，体育文化生态系统为其他社会子系统提供了生存和发展的环境和空间，另一方面，体育文化生态系统本身也属于人所处的社会环境之一。

体育政治环境包括很多方面，如执政党状况、民主政治制度以及政策法规等，可以保障体育文化的发展。

体育经济环境指的是对于体育运动的发展起到影响、制约和促进等经济因素的总和。经济对体育有着方方面面的影响，其中最主要的方面有两个，分别是经济发展水平和经济发展模式，这两方面的因素对于体育事业的发展速度和发展水平以及发展模式有着决定性的作用。与此同时，体育事业的建设也为经济的发展提供了人力资本和体育产业，能够促进经济的发展。因此，体育和经济之间存在的关系非常密切，两者互相联系、互相制约、互相影响、共同发展。此外，经济和体育之间还会交换物质流、能量流和信息流。

体育科技环境指的是为了促进体育事业的发展而使用的一系列科技手段所营造出来的环境，它能改进体育器物、推动体育制度的改革，为体育事业的发展提供强大的动力。

在体育教育环境中，体育和教育之间存在着长期、自然而稳定的物质循环和能量流动的过程，一个国家的体育制度在形成之后就具有了一定的稳定性。

（二）体育文化生态系统的要素

在体育文化生态外部，体育文化与环境之间存在着密切的联系；而在体育文化生态内部，系统中的各种要素之间也存在着密切的联系。体育文化生态系统中的要素具体如下：

1. 体育项目

体育项目是体育文化的具体表现形态，它不仅是体育文化现象的主体，也是体育文化的载体。每个区域的体育项目一般都是以一个或者多个体育项目为核心开展的，例如以足球为主要体育项目的梅州地区，以排球为主要体育项目的台山地区，以武术为主要体育项目的佛山地区，以游泳、篮球、龙舟、龙狮等为主要体育项目的东莞地区以及以举重为主要体育项目的石龙镇地区等。其他区域的情况也是类似的，都是以一两个项目为主来开展体育活动。在体育文化生态结构中，体育项目是最关键也是最核心的组成要素，如果没有体育项目，那体育现象也就不会存在，更不会形成体育文化生态。

2. 象征符号

任何一种文化形态都具有其独特的象征符号，例如在祭祀祖先活动中，祖先就是一种象征符号，我们采取的一系列举动，如烧香、点蜡烛、敬酒、焚纸等，都是对祖先这个特定的象征符号做出的特定行为；而这些象征符号共同组成了民间传统的有机部分，具有"集体表象"的特性以及整合社会的功能。体育文化在发展过程中也具有象征符号。体育项目在发展过程中会与一些人之间产生一定的联系，人们往往将一些偶像级的人物作为体育文化的象征符号，通过这样的象征符号来凝结大家对体育项目的关注和热爱，使大家能够不断地支持该体育项目。例如，梅州球王李惠堂、石龙镇举重的陈镜开家族、佛山武术的李小龙等武术名家。这些体育文化中的象征符号具有强烈的体育偶像象征意义，所以体育文化生态系统中不能缺少象征符号，要通过象征符号来传承我国的传统体育文化。

3. 历史传承

历史传承是一个民族的艺术和文化能够存在、延续和发展的重要因素，可以将其看作一个有机的生命链。体育文化也具有一定的传承性，这种传承性是体育文化的一种传递方式，指的是体育文化在时间上的不断连接，也可以说是体育文化在历史上的纵向延续。体育文化可以将一个族群或者地域的物质和精神连接起来，使每个组群在长期的历史发展中对其进行自觉的继承。

原始的民族体育活动产生于各民族生产方式的演变以及与其他民族的交流和冲突等过程中，这些民族体育活动既保留了本民族的原始特色，也吸收和借鉴了其他民族的内容，在历史的发展过程中不断地进行传承、变迁和融合，并在不断的发展过程中形成了当今社会中的民族传统体育项目，使我国不同民族的传统体育文化得到了保留、传承和发展。这种传承既保留了各民族的传统体育文化的特色，又加入了许多现代社会的内容，所以民族体育文化既有传承的体育文化内容，也有发展和创造出来的新内容，能够从根本上满足我们民族发展的需求，将民族体育文化不断地延续下去。一些现代体育项目也逐渐在一些族群或者地区开始发展，并与人们的生活方式逐渐融合到了一起。民族传统体育和现代体育在形成之后都会具有一定的稳定性和传承性，在不断的发展过程中充实和丰富其内容，但其核心的内涵不会发生改变，会代代延续下去。

历史传承性对于族群或者地域有着强大的凝聚效果，能够促进当地人们产生趋同意识。作为一种习得行为，体育文化能够通过历史传承来使该族群或者地域的成员产生一致的行为模式。当前，我国传统体育文化主要是通过社区、家庭和学校这三种方式来进行传承。

4. 文化认同

由文化认同理论可知，文化认同在体育文化中占据着核心地位，是体育文化生态系统中的深层的组成要素，是体育文化存在和发展的原因。

一些体育项目之所以能够在经历了不同的制度形态、经济形态乃至战争等环境变化之后还能不断地进行传承和发展，是因为该族群或者地域的人们对自己的体育文化有着高度的认同感。体育文化的认同主要体现在人们对于体育价值的认同，并以此形成共同的体育生活方式，使各种年龄段和性别的人们都喜欢观看、品评以及参与各种体育活动。凝聚力是一种具有特色的文化形态，指的是一个族群或者地域的人们在历史的发展过程中逐渐形成的个性，能够团结一致、共同对外，从而推动本族群或者地域的发展。传统体育有着广泛的社会功能，蕴含着鲜明的时代内涵，能够振奋民族精神、唤醒民族意识、维系民族情感，并使该族群或者地域的人们形成强大的凝聚力和认同感，使族群和地域能够团结一致、共同发展。通过举办各种体育活动，各族群和地域之间的交流得以加强，使当地人们的生活更具情趣，能够推动和谐社会的建设。

文化认同不仅能够影响族群和地域的体育文化生态环境，还能与体育文化生态系统中的其他要素共同作用，发挥影响力，从而使体育文化生态系统得到更好的发展。

5. 社会组织

我国有着内容丰富的民间传统。组织或者亚组织是伴随着民间传统而产生的，其中有着相同民间信仰或者对一些民间传统有着共同认同感的人聚在一起就可能会形成一些民间组织，如舞狮的人出于研究舞狮的目的聚在一起，就可以形成一个亚组织。

社会组织是在人类社会逐渐发展的过程中产生的，具有重要的作用，能够将人类群体的力量充分地发挥出来。人类的集体活动和个体活动都无法脱离组织。而体育活动作为人类发展过程的文化产物，也有各种各样的社会组织，如体育俱乐部、体育社团、体育活动点等。一项体育活动能够在一定的区域中长期进行和不断发展，离不开当地各种社会组织的作用。例如之前的梅州足球、台山排球以及佛山武术，它们都有自己独特的竞赛体系。梅州的每个乡以及每个村都设立了强民体育会和足球协会；台山有各种排球协会；佛山有各种各样的庙会、武馆以及武术协会等社会组织。我国的传统体育文化能够发展至今，离不开这些民间社团组织的力量与政府的大力支持。

（三）体育文化生态系统的特性

体育文化生态系统具有各种特性，包括整体性、层次性、有序性、相关性以及主体性等内容，而这些特性都是受到系统的特性和体育文化的特性共同影响的。

1. 整体性

想要能够准确地把握体育文化生态系统的整体性，我们首先要厘清该系统各个组成要素与整体之间存在的关系。从整体上来看，在体育文化生态系统中，各组成要素要与整体保持统一，通过互相协调的网状结构来保证体育文化生态系统的动态平衡。但是整体并非将系统中的各要素进行简单的相加，而是要根据系统中的各组成要素的特点和关系对其进行组合，使之成为一个具有齐全功能的生命生态系统。因此我们可以发现，在体育文化生态系统中，整体性居于主导地位，而系统的各组成要素居于支配的地位。梅州的足球有着近百年的辉煌，这是因为当地的民众热爱并认同足球这项体育运动的价值。此外，很多台山人民都非常喜爱排球运动，出于对排球文化的认同，当地人们设立了各种排球组织，并举办了各种级别和类型的排球比赛，营造出良好的排球运动氛围，在这种情况下出现了很多排球人才，他们参与了各种排球比赛，为台山人民争光，使台山人民产生强烈的自豪感，这也就进一步强化了当地人民对于排球运动的价值认同，组成了一种各要素关联起来的整体，使台山排球赢得了"无台不成排""中国排球半台山"的美誉。

每一个不同的体育文化形态都是一个体育文化系统，其中体育文化生态系统的要素中的要素和结构可以划分为两个方面：一方面是体育文化因子和系统的内在结构，另一方面是系统的外在因素，也就是系统的条件和环境。因此，我们要从分析系统中要素和结构的一般关系入手，对体育文化生态系统的整体特征进行把握。体育文化生态系统中的要素是体育文化结构的基础，在拥有一定数量的、性质能够与结构匹配的体育文化要素的基础上，体育文化结构才能形成。反之亦然，如果没有体育文化结构，那么就不会存在体育文化这个整体，系统的组成要素也会失去存在的意义。把握体育文化生态系统的整体性是对该系统进行深入认识的前提。

2. 层次性

作为一种系统，体育文化生态系统是有边界、范围和层次的。

一方面，由体育文化生态系统的整体性可知，该系统的内部结构可以划分为不同的层次，即该系统具有多层次的特点。通过对体育文化的整体结构进行分析，我们可以发现，物质文化在该结构中处于外层或者底层，是该结构的基础部分；制度文化在该结构中处于中层，是该结构的载体部分；而精神文化在该结构中则处于内层或者顶层，是该结构的主导部分，这三个层次之间互相影响、共同发挥作用。物质文化、制度文化和精神文化之间存在着密切的相关性，互相作用形成一个整体，从而共同组成体育文化生态系统的存在和发展的内外环境。

另一方面，体育文化生态系统根据区域范围的不同也具有层次性，其具体可以分为省域体育文化生态系统、市域体育文化生态系统、县域体育文化生态系统、镇域体育文化生态系统和村落体育文化生态系统。随着区域的不断扩大，体育文化生态系统的各组成要素会倾向于形成更为松散的体育文化特征的共同性，其社会联系会被弱化，变得不明显和不紧密。

第二章 生态文明背景下的体育文化

3. 有序性

一个体育文化生态系统的各部分之间往往存在着一定的联系，其序列呈现出由低到高的多层次发展形态，这就是体育文化生态系统的有序性。一个系统的有序性越强，就会拥有更强的自组织能力和功能，也会具有更强的稳定性。体育文化系统的有序性不会以人的意志和设想而转移，表现为体育文化的选择是一个客观的、需要依照耗散理论进行的自组织过程。体育文化形态的发展就是根据体育文化生态系统的有序性进行的自组织的过程。当然，体育文化形态的发展是需要根据一定的社会条件、按照一定的社会需求来进行的。各种体育文化因素在进行自我运动的情况下，实现从无序运动到有序运动的状态，而这个体育文化系统的有序自组织的过程中需要人发挥自身的主体能动性。例如，提及梅州体育项目，很多人会想到足球，这是因为梅州人非常热爱足球运动，使梅州有着"足球之乡"的美誉。然而，随着时代的发展，梅州足球呈现出日益衰落的趋势，而羽毛球开始被当地人所喜爱，普通民众喜欢打羽毛球，学校也开始开展与羽毛球有关的体育活动。根据体育文化生态系统的有序性，我们可以以自身的需要为基础，以自身的价值取向为依据，创造新的条件来调整体育文化生态系统原有的有序结构，使之进入由有序结构过渡到无序状态，并再次形成新的有序结构的过程；此外，我们还可以创造各种条件来减少外界环境对体育文化生态系统的干扰因素，使系统保持稳定，推动体育文化的有序发展。

4. 相关性

在体育文化生态系统中，各组成要素是按照一定的联系或者界定方式存在的，而任何一个系统于内会与各组成部分之间存在联系，于外会和其他系统之间存在联系，因此才会形成系统的内部结构以及与外部环境的联系，这就体现了系统结构间的相互关联，即体育文化生态系统的相关性。

体育文化生态系统相关性的理论依据是协同论。协同论是一门探讨多组分子系统如何通过子系统进行协同行动并导致结构产生有序演变的自组织理论，其目标是挖掘系统从无序到有序的转变过程中使用的具体方法以及规律，从而掌握使系统从不稳定转变为稳定状态的方法，对系统进行支配和管理。

体育文化是在各种关联中得以存在和发展的，因此在文化生态学中相关性是最基础的理念。例如，在佛山武术中，既有着不同的武术门派，还有粤剧和舞狮、舞龙、龙舟等体育活动，这些民俗文化活动之间互相影响、互相促进，体现了佛山武术文化生态系统的相关性。

以相关性的角度来对体育文化生态系统进行分析时，我们要对系统中内外因子之间存在的关联引起足够的重视，不断增强这些因子之间存在的有机联系。在考虑到体育文化生态系统的相关性对其进行建设时，我们要将每一个体育文化因子的作用充分发挥出来，重视体育文化生态的构建，落实体育文化生态建设的工作，使其能够发挥出应有的功能。

5. 主体性

人类和动物之间存在差别的主要原因之一就是人类拥有文化。与其他动物相比，人类不仅能够适应环境，还能对环境的文化面貌进行调整，人类的文化很少会受到遗传以及生物本能等方面的限制，这就体现出了在体育文化生态系统中的人的主体性。

人在体育文化生态系统中所处的地位和发挥的作用决定了人在该系统的主体性特征。体育文化的发展与人的要素之间存在着密切的联系，人在体育文化中既是主体也是客体，既生产和传播了体育文化，同时又消费和享受了体育文化，其中就体现了人的主观能动性。而且，体育文化与人类的体育活动具有一致性，这是因为体育文化是人创造出来的，并且在一定程度上反映着人的生存状态以及生存需要。

在体育文化生态系统中，主体性是最明显的属性。例如，从 20 世纪 50 年代尤其是 20 世纪 90 年代一直到今天，东莞的体育热点在不断地进行转移，当经济发达时，东莞有着较强的吸收、消化外来体育项目的能力，体育热点的变化频率较高。但是无论体育热点如何改变，体育项目的一些优势一直得以保持，民众对体育项目始终保持着高度的热情，这就体现了人在体育文化生态系统中的主体性。

以主体性的角度来对体育文化生态系统进行分析时，我们要大力培育系统中的体育文化主体，提高对体育文化人才培养工作的重视，满足人们对体育文化的需求，充分调动人们的主动性和积极性，使人们自觉自愿地参与到体育文化活动当中去，成为体育文化消费的主体。此外，我们还要注意在体育文化发展进程中保障好人们的主体和中心地位。

（四）体育文化生态系统的运行机制

"机制"这个词语最早起源于希腊文当中，原来的意思是指机器的构造以及动作原理。现在"机制"除了原来的意思之外，还能指有机体的构造、功能和相互关系，或者某些自然现象的物理和化学规律，或者某个工作系统中的组织或部分之间发生相互作用的过程等方面。

运行机制是与人、财、物相关的各项活动的基本准则及相应制度的引导和决策因素，是对行为的决定因素及其相互关系的一种总称，具体指的是影响人类社会有规律地运动的各个因素的结构、功能及其相互关系，以及上述因素对人类社会有规律的运动产生影响、发挥作用的过程、原理以及方式。人类社会有规律地运动的各个因素之间相互联系、相互作用，通过协调、灵活、高效的运行机制，共同为实现社会各项工作的目标和任务提供保障。

机制是体育文化生态系统中发挥基础与根本作用的组成部分，生态系统选取不同的运行机制会导致我们的生存状态和发展态势走向不同的方向。运行机制还能使体育文化生态表现出强大的生命力，使之存在于人们的生活中，并得到持续的发展，而机制能否良好运行的关键在于该系统的要素是否完整并能否正常发挥自身的作用。要想保证体育文化生态系统能够良好运行，就要保证系统中的各组织要素的齐备，并使其功能得到正常发挥。体育文化生态系统的运行机制通过习俗活动和竞赛制度来实现。

1. 习俗活动

习俗是在潜移默化中形成的，具有非强制性，是对人们行为的控制。我国有一些习俗是自发形成的，例如那些因原始崇拜、宗教崇拜和图腾崇拜等传承下来的古代节日。在一些节假日，如五一、中秋、国庆、春节等，人们会举行各种不同的、具有体育元素的习俗活动来进行庆祝或者表达自己的心情，例如，傣族会举办泼水节、蒙古族会举行那达慕大会等；又如，在一些河网交织、江海相汇的岭南地区，人们和水之间存在着密切的联系；原始先民对自然神的崇拜当中有着龙子的传说，这体现了他们对于水神的定位以及对龙（蛇）图腾的崇拜，而这种祭祀图腾的庆典仪式在后来逐渐发展成了赛龙舟、舞龙等民族体育项目，以此来表达当地人民祈求丰年、平安幸福的美好愿望，展现了南海之滨人们的生活场景。岭南各地都盛行舞狮，舞狮又称"舞醒狮"，当人们庆祝佳节、迎神赛会等时刻都会举行，后来逐渐发展形成了岭南特有的"南狮"。

还有一些习俗或者节日是人为创建的，例如省港杯。省港杯始于1979年1月21日，每年会举行一次，促进了两地足球运动项目的发展，也为两地提供了很好的交流渠道，使两地不仅能够进行体育层面的交流，还能在情感层面上进行互动。从省港杯的设立开始，香港与大陆开始进行频繁的交流，越来越多的香港人开始对广州产生新的认识，来到广东探亲、经商、旅游等，从此省港两地的交流逐渐增多，两地的经济也得到了发展。此外，除了体育与经济之外，省港两地在其他领域也开始了交流，如教育、铁路海关、文化事业等。此后，省港杯逐渐变成了一种传统，直到如今仍在进行。省港杯是由著名社会活动家、香港知名实业家霍英东先生创办的，他的长子霍震霆认为，省港杯举办的时间的选择是有着特殊含义的：中国人非常重视传统，有着较强的家庭观念，而香港与广东之间存在着非常特殊的关系，省港杯趁着春节休假期间举行，带有一种大团圆的观念，所以其举办时间30年来一直没有发生变动。粤港两地有很多人都对省港杯有着深厚的感情，它不仅体现了霍英东先生对足球发展做出的贡献，还对两地商业文化的发展具有重要的推动作用，带有深刻的价值和意义。霍震霆先生表示会将这些富有意义的省港杯赛事继续举办下去，以此来表达香港足球总会对霍英东先生的纪念。

2. 竞赛制度

维持体育文化生态系统运行采取的方式是制定竞赛制度。竞赛制度具有很强的操作性，可以通过一系列的具体方法，如竞赛设置、竞赛约束、竞赛安排等，对运动技术的发展起到约束和鼓励的作用。梅州足球和台山排球在发展过程中，最初只制定了初步的竞赛制度，比赛的举办范围也局限于村子与村子之间、球队与球队之间；随着时代的发展，当地逐渐开始有了一些社会社团组织以及体育俱乐部等新的形式，如梅州的强民体育会和台山的台城仁社体育会，这使梅州的足球和台山的排球体育项目得到了快速的发展，并且培养出很多专业人才，使其比赛规模和影响力不断扩大，当地行政部门进行了适时适度的介入，引导其完善相关的比赛规则和比赛制度，这也使梅州的足球和台山的排球体育项目得到了进一步的发展。因此，要想保证体育文化生态系统能够良好运行，必须为体育项目制定完善的竞赛体系以及健康的竞赛制度。例如，我国足球体育项目在进行职业化进程时，因为弱化了其要素，所以导致其要素功能无法正常发挥，竞赛制度也不够完善，进而出现足球运动环境较差、运动技术水平无法提升、足球专业人才缺乏以及竞赛制度不够完善等问题，使足球文化生态系统运行机制无法良好运行，反而陷入恶性循环的发展当中。

三、体育与自然环境的冲突

（一）自然环境概述

很多人会将自然环境与自然界的概念混淆，其实两者并不相同。自然环境指的是人类生存和发展所需要具备的自然条件，不能等同于自然界。自然环境属于自然界当中的一个特例，包括了所有能够影响人类社会的自然条件。随着人类社会的发展，自然环境中有了越来越多的可以对人类产生影响的自然条件，所以自然环境的范畴正在逐渐扩大。然而，人类的活动范围最终还是有一定限制的，所以人类赖以生存和发展的自然环境也不可能扩大至自然界的范畴内。

此外，自然环境与生态环境也是不同的，两者有着不同的范围。虽然生态环境在一些方面与自然环境是相同的，也有一些人对两者不加区分，但是严格来说两者是不能等同的。自然环境比生态环境包括的范围更大，可以说，各种天然的要素基本上都属于自然环境的范畴，但是只有生态环境的组成部分必须是具备特定生态关系的内容。只有非生物因素的内容不属于生态环境的范畴，但是可能属于自然环境的范畴。因此我们可以发现，自然环境与生态系统之间是一种包含的关系，自然系统中包含生态系统的内容。

自然环境包含人们生存和发展所需的生态环境、自然环境以及地下资源环境三个方面。环境法中对自然环境的定义为：对人类生存和发展能够产生直接或间接影响的各种天然形成的物质和能量的总体，如空气、臭氧层、江河湖海、土壤、日光辐射、生物等。

（二）体育赛事与自然环境

大型运动会的举办能够大幅度地提升城市的形象、扩大城市的影响力，并且还能为城市的发展提供经济效益。然而，在举办体育赛事时可能会对当地的自然环境产生影响。举办大型体育赛事可能会导致的生态环境问题具有隐蔽性、不可逆性和连锁性的特点。

1. 隐蔽性

举办大型体育赛事可能会导致出现隐蔽的生态环境问题，如在法国阿尔贝举行的第十六届冬季奥运会上有超过30公顷的森林受到了破坏，尽管没有出现快速的生态破坏，但是法国在之后的几年中面临了严峻的生态危机。

2. 不可逆性

不可逆性主要指的是在开展大型体育赛事时一些建设项目可能会导致物种消失的生态问题。我国举办2008年奥运会时，因为在选址和规划过程中发现了二级保护动物大鲵，所以当时的人们将铁人三项运动的举办地点进行了更换，以此来保护该珍贵物种，这是避免大型体育赛事对生态环境产生不可逆的影响的最佳例子。

3. 连锁性

虽然大型运动赛事引发的生态环境的问题只是某一方面的或者看起来并不起眼的，但是这些环境问题通常会通过其他渠道或者方式被扩大化，导致连锁反应的出现，从而使生态自然环境受到进一步的危害。举办体育赛事可能会从以下几方面对自然环境产生危害：赛事基础设施的建设、赛事活动、参与赛事的人以及赛事举办后的延续影响等。

首先是建设赛事基础设施对环境造成的影响。在举办赛事过程中需要对自然环境进行大面积的利用，建设的体育馆以及其他一些基础设施会污染和破坏原始的自然生态环境；赛事组织者通常会选择建造新的永久性赛事场地，而不会选择旧的已有的场馆，这是对材料和能源的一种严重浪费，并且会对自然环境造成长期的损伤。例如，为了举办雪上运动赛事而建设的滑雪场会将所在地的原始生态植被破坏掉，而建设过程中的交通运输以及建筑施工等行为也会造成自然环境的二次破坏；此外，建设滑雪场还会对附近的水源产生影响，这是因为建设的滑雪场的自然降雪量较低，为了给赛事进行过程中提供质量和数量过关的雪，绝大多数滑雪场会通过使用地下水源来进行造雪，而融化后的雪水无法得到回收，于是流向四周低洼之处，会引发局部地区水土流失的问题。虽然现代奥林匹克运动中的各种体育项目对社会有着重要的作用，但是也对自然环境产生了严重的影响，并导致了一系列严重环境问题的出现。例如，法国为了能够顺利举办第十六届冬季奥运会而摧毁 30 公顷的森林，使森林中的动物流离失所，造成了严重的生态失衡，这是举办奥运会所带来的积极效应所无法弥补的。

从举办的赛事活动来看，有些比赛项目本身就会影响到自然环境，如赛车、越野摩托、摩托艇比赛等，这些比赛项目需要消耗大量的燃料，导致排放大量的废气，而比赛过程中使用高音喇叭也会造成噪声污染，这些都会对我们的生态环境造成不利的影响。

其次，举行体育赛事还需要运动员的参与，并且会吸引大量的观众到场，对赛事举办地的环境造成影响。尤其是一些规模较大的体育赛事的举办会吸引大批的观众在较短时间内聚集在同一个地点，一方面当地的交通运输量会大大增加，随之带来的是汽车尾气以及其他废气的排放量增加，另一方面观众会产生大量的垃圾，如塑料袋和矿泉水瓶等。与此同时，赛事举办期间会提升当地的用水量以及污水排放量，增加二氧化碳的浓度，增强照明效果以及照明时间，引起气温变高，使得微生物加速或者降低繁衍的速度，破坏当地的生态环境。例如，以环境优势获得第 27 届奥运会举办权的悉尼在举办奥运会期间实施了大量的绿色措施来保护生态环境，然而当地仍有 1/8 的居民因为无法忍受因举办奥运会导致的喧闹环境而选择搬离悉尼。

最后，体育赛事对环境产生的影响并不会随着体育赛事的结束而消失，在赛事结束之后，环境问题仍是亟待解决的重要问题，原因主要有两方面：第一，为了举办体育赛事而建设的大量场馆面临着闲置以及收支不平衡等问题；第二，为了举办赛事而破坏的植被无法得到恢复，这就导致了巨大经济效益的损失。这些不仅是对资源的浪费，也是对环境的破坏。那么我们不禁会思考，为何举办体育赛事会对自然环境造成如此多的破坏和污染呢？实际上，我们举办各种体育活动的出发点并非要对环境进行破坏，而环境也不会对体育的发展造成影响。之所以会在举办各种赛事的过程中出现一系列的环境问题,是因为经济、文化、社会等方面的发展作用于体育,并使体育产生了一系列的异化。

体育的异化其实主要是举办体育项目的主体——人的行为异化。众所周知,意识会决定人的行为,所以人的行为发生的异化本质上是人的意识发生了异化。人在举办体育活动时忽视了自然环境的主体性,而从自身的需求出发,通过自然来满足自己的各种需求和欲望,这就是因为人的价值观出现了偏差而导致的现象,使人与自然相处时出现了行为的异化,造成生态环境的破坏,使人与自然的关系无法持续发展。

四、保护自然环境与体育的关系

在漫长的发展历程中,人类社会分别经历了农业文明、工业文明和生态文明这三个文明阶段。其中,体育产生于农业文明时期,并在工业文明时期得到迅猛发展。工业文明阶段,社会经济迅速发展,为体育活动的发展准备了物质基础,创设了良好的社会条件。随着人们对于体育活动的需求越来越多,体育活动得到了进一步的良好发展。然而,虽然体育在人类社会的工业文明阶段取得了迅猛的发展,但是也为人类自然环境带来了一系列的生态问题。体育活动对生态环境的破坏以及资源的浪费严重制约了人类社会的可持续发展。在2007年十七大报告中,党中央提出了人与人、人与自然、人与社会的和谐发展与可持续发展的重要内容。在2011年3月,我国颁布了《国家国民经济和社会发展第十二个五年规划(草案)》,其中也提出了未来五年要实现绿色发展,建设资源节约型、环境友好型社会,树立绿色、低碳发展理念,增强可持续发展能力,提高生态文明水平。从以上内容中我们可以看出,该草案格外重视生态环境的维护工作,强调人与自然和谐发展的理念。因为体育属于人类的活动之一,所以生态体育也是生态文明的一种。

首先,有了和谐的自然生态系统才能保证生态体育的发展,才能形成坚实的生态体育理念,所以构成生态体育理念的关键内容是"和谐"。根据生态体育的要求,我们在进行体育活动时要将保护生态环境作为基本原则,正视生态体育的价值。生态体育最终要实现的是人们的体育活动与生态环境达到协调、健康的共同发展。只有构建了正确的生态理念，我们才能保证生态体育的可持续发展。

其次，体育活动与生态系统之间是一种相互作用的关系，自然系统可以为体育活动提供物质基础，而体育活动也可以反过来影响和改造自然环境，并且发展出与生态环境相对应的体育文化和体育精神。生态体育有着非常丰富的内涵，如旺盛的生命力、超越与前进的奋斗精神、理解与宽容的友爱精神以及公平正义的竞技精神等，体现了人类不懈追求的体育精神，能够对人类社会产生积极的影响。体育生态文明的根本目标就是打造一种人与自然和谐相处、人与社会密切关联、人与人高度合作的环境。因此，我们要在追求体育运动的伦理道德和审美体验过程中，树立起牢固的生态文明观念，弥补我们在精神领域缺失的内容，从而更好地把握体育精神的实质。

最后，我们在进行体育活动时，要格外注意自然生态系统的脆弱性和不可再造性，对自然环境进行科学、合理的开发和利用。我们要将保护生态作为前提，以体育和生态平衡发展为指导理念，保证自然环境和体育的健康、持续发展。我们在开展体育活动时要将自然生态系统作为物质前提，打造生态文明以及体育生态文明的人类社会。

五、生态文明下体育的可持续发展

生态文明指的是人们对客观物质世界进行改造的过程中，对产生的负面效应进行克服、对人与自然的关系进行积极改善和优化以及在良好的生态运行机制下取得的物质、精神、制度方面成果的总和，反映了人类对于自身活动和自然环境关系的处理能力的提高，体现了人与社会的进步。

作为可持续发展的重要标志，生态文明是生态建设的最终目标。虽然生态文明的出发点在于对自然环境进行保护，但其最终会对人的生存和发展产生积极的影响。生态文明对于当代人和后代人的利益和发展同样重视，对实现人的全面发展具有重要的意义，代表着科学发展观的本质内容。

循环经济的全称是物质闭环流动型经济，倡导的是将经济的发展建立在对物质不断循环利用的基础上，进而打造一种资源—产品—再生资源的新型经济模式。循环经济有三条主要原则，分别是减量化原则、资源化原则和重组化原则。其中，减量化原则指的是减少资源投入率及废物排放量；资源化原则指的是将污染排放最小化作为目标，对物料进行大力循环利用；而重组化原则的目标则是实现生态经济系统最优化运行。很明显，实施循环经济的模式能够最大程度上保证资源的合理利用，并将可能对环境产生的不良影响降到最低。

可持续发展是一个全新的概念，提出该概念是为了解决全球面临的生态危机。可持续发展能够在发展社会经济的前提下保护后代的长远利益。可持续发展具有公平性、协调性、高效性、发展性这四方面的原则，主要目标是满足当代人和后代人的需求。随着时代的进步以及社会的发展，人类的需求内容更加丰富，需求层次也逐渐提高，例如中国体育事业的发展，由引进到消化，再到高速的发展。随着高科技的迅猛发展，体育事业也呈直线上升，但过度的开发也加剧了体育事业与生态环境之间的不和谐因素，当这种矛盾已严重影响到这一产业的正常循环发展的时候，探索新的发展方式就显得尤为迫切。而生态体系发展的规律正是本身不断地从较低层次向较高层次发展以达到自身的持续发展，期间呈现出渐进、上升的过程。本着生态体系发展规律，中国的体育事业也必将由过度的高速发展，到结合实际需求，制定更为人性化的、更具适应性的、更环保的、更有利于人类生存环境的新目标，达到体育领域一个再次升华。而这种意识上的全新认识，必将为我国的体育事业注入新的活力，也必将使之朝着更为健康的方向发展。人作为参与体育的主体，而体育作为国民综合素质提高的方式，它的健康持续发展也就与国家的发展息息相关，这种互为影响的结果，正是印证了生态体系的系统规律。生态型的体育发展体系的根本目的是实现人类、自然资源、社会关系以及体育活动的和谐发展，我们要将体育生态化作为价值理念，坚持可持续发展观，从而实现人类、体育、自然与社会的全面发展，使现代体育运动能够保持可持续发展。

美国社会学家杜肯（O.D.Duncan）将社会生态系统看作一种"生态联合体"，并认为社会生态系统主要包含四个要素，分别是人口、组织、环境、技术，这四种要素是较为科学合理的。由于体育生态和社会生态在很大程度上是相似的，所以我们也可以将体育生态系统按照这样的方式进行划分，将其分为体育人口、体育组织、体育环境和体育技术四个方面。

第二章 生态文明背景下的体育文化

体育人口是生态系统中非常重要的要素之一，一般指的是那些经常进行体育锻炼和专项训练的人。体育人口能够反映出人们参与体育活动的程度以及经济和社会发展的程度。

人类的可持续发展问题于1992年在里约热内卢举办的世界环境发展大会上正式在全球范围内达成共识。布伦特领导的世界环境与发展委员会将可持续发展观定义为"既满足当代人的需要，又不对后代满足其需要的能力构成危害的发展"。我们在对可持续发展观进行研究时可以发现，可持续发展的概念可以从生态环境的领域扩展到整个社会的所有领域中。作为现代生活的重要部分，现代体育也在不断地进行各项积极的探索与实践活动。为了能够使体育生态环境得到更好的发展，我们可以采取如下方式：

首先，我们要着重宣传生态文明的教育，在构建生态体育发展模式时将生态体育观作为理论基础，将生态体育观融入社会主义核心价值观当中，在全社会范围内创设良好的生态体育氛围，不断鼓励人们参与到体育生态文明的建设当中，自觉承担起保护生态环境的责任。另外，我们要将生态伦理学理论作为引领和指导思想来建设生态环境。还可以利用各种渠道，如网络、电视、报纸等来宣传体育生态文明的知识，增加生态体育公益广告的数量，引起全社会对体育生态环境的关注。

其次，我们要组织全社会对生态体育理念进行立体化传播，拉近生态体育与人们之间的距离；举办各种社会活动、张贴宣传标语来普及生态体育的理念；通过各项宣传途径，使人们形成正确的审美观念，加深对体育与生态环境关系的认知；对破坏环境的体育行为加以批判，使人们心中树立起生态体育审美观。生态体育立法是我国法制建设的必要内容，我们要对现代体育生态理念进行重点宣传，让人们在参加各种体育活动的过程中，逐渐树立起保护环境与自然的意识，遵守相关的规定。

最后，构建生态体育离不开政府提供的保障政策。对于生态保护这项全民事业来说，其主体是广大人民群众，而政府是其主导者。我国因为经济和社会事业的发展影响，刚刚开始进行生态体育实践，尚未完善生态体育的基本学术概念以及操作流程。此时，政府的引导就愈发重要，为构建生态体育系统提供保障。如果想要规范人们的体育行为，政府除了设立有关部门进行大力监督以外，还要对生态体育进行立法，使用法律手段对人们的体育行为进行约束，对破坏生态环境的体育活动进行严惩。日后政府应该逐步出台和制定各类法规，使体育生态形成完备的制度体系，从而保证生态体系的良好发展。此外，政府还应该在秉持建设生态文明、走可持续发展的战略思想的同时，将其和体育生态的建设进行结合，使生态体育的发展能够按照我国生态体育文明的发展需要进行布局，有效划分其类别，使之能够引导人们的价值观念。政府要积极鼓励开展一些不仅能够提升全民素质，而且不会严重影响和破坏环境的体育项目；同时积极抑制和打击危害自然环境、破坏生态平衡的体育项目。要注重对一些非政府性的群众团体进行扶植和帮助，使其将自身在构建生态体育过程中所具有的积极作用充分发挥出来，引领更多的人认识、理解和践行生态体育，营造出一种良好的社会环境以促进生态社会体育的发展。

除此之外，我们还要加强研发和推广与生态体育相关的技术。如今，我国已经将生态体育纳入未来社会事业的发展规划中，所以我们要重视生态体育的建设，重点研发生态体育的环保技术，从而推进和谐社会的构建。在建设生态体育时，我们要将保护环境作为前提条件，在策划和运行相关的体育活动时要首先考虑好环保的问题。与此同时，我们还要对开展体育活动过程中造成的环境污染进行大力治理，尤其是在建设一些体育活动场所时，我们要运用各种技术性手段，使生态环境得到大幅度改善，保证生态体育的良好发展。

第二节　生态体育观

一、生态社会主义的基本主张

（一）人与自然和谐统一

在对人与自然的关系进行处理的问题上，生态社会主义广泛吸收了生态中心主义理论中较为合理的部分，具体为对环境与自然秉持着尊重与保护的思想，并且，生态社会主义并没有像生态中心主义一般，完全抛弃了人的存在，只考虑对自然与环境进行保护，不再关注人类的发展与进步，生态社会主义不仅保护自然与环境，还会对人类生存的尺度进行深入思考，其主张通过"人类尺度"的角度对人与自然之间存在的问题进行分析，并且始终坚持应当将"人"放置在"物"的上面，将人的利益与自然的利益进行统一，不可以顾此失彼。生态社会主义认为，自然是属于社会的自然，绝对不应当将人类的因素全然忽略，并且，同样需要注意的是，人类的社会得以发展的基础也是自然，我们不应当盲目追求自身的发展而对自然进行毁灭性的破坏。人与自然都是生物性的存在，这两者都拥有自然本质与社会本质，所以我们可以说，社会是自然界的一部分，正是因为自然与人类社会进行了相互的作用，才能够形成人类社会进步的历史。对于人类来说，在发展的过程当中，必然对生态平衡进行维护，以确保发展本身有着一个符合自然规律的空间，由此实现人与自然在相互交往的过程当中的和谐与统一。

（二）绿色社会

生态社会主义者认为，未来的社会应当是一个绿色的社会，这个社会是一个全面发展的社会，拥有健全的生态并且人与自然处于和谐相处的状态。生态社会主义能够在一定程度上有效克服人类的发展与自然的保护之间的相互对立的状态，由此使得物质与社会能够实现自由且充分的统一，最终使得社会能够全面发展。对于生态社会主义者来说，生态高于一切，人类的一切生产生活活动都应当在自然的规律与法则之下进行，绝对不可违背。对于未来社会主义的建设应当始终坚持"生态原则"，依据社会所规定的"生态重建"的标准进行相应的变革，并且需要确保利润最大化的经济标准服从于生态标准。需要坚决杜绝为了盲目追求利润而违背生态原则的行为。为真正实现绿色社会，就应当确保经济发展、人类进步与生态保护统一。生态社会主义会克服利润最大化与生态保护之间的矛盾，在"生态原则"的标准下获得最大化的经济利益，确保能够在合适的范围内投入最少的资源，以便能够有效杜绝经济总体的浪费、劳动对人的异化以及为了进行生产而对生态环境的破坏，由此就能够在确保经济不断增长且持续发展的情况下实现生态合理的目标。

二、生态体育环境系统构建观

生态文明本质上属于人类的文明发展过程当中存在的一个新的发展阶段，这种文明就是指在工业文明之后所产生的一种文明形态。生态文明主要就是人类遵循着人、自然与社会之间和谐发展这一客观存在的规律之时所取得的物质与精神成果的总和。生态文明这一社会形态的宗旨就是坚持人与自然、人与人、人与社会的和谐相处。生态文明本质上就是人类为了保护并建设美好的生态环境而取得的众多物质、精神、制度成果的总和，这是一项贯穿于经济、政治、文化、社会建设的全过程与各方面的系统工程，它能够在一定程度上反映出社会的文明进步状态。一般而言，我们将生态文明建设评价指标体系分为四个方面，分别为生态经济、生态环境、生态文化、生态制度。

生态体育在一定程度上直接反映出了人与体育、人与环境之间所存在的难以分割的关系。生态体育本质上属于绿色体育服务于绿色体育产品的集合，这里的"生态"二字并不仅仅是指代自然环境，还有着自然化与生态化的社会人文内涵。具体来说，就是指通过生态体育不但将亲近大自然锻炼身体的理念传达给人们，还集合了忧患意识与可持续发展的意识，由此形成了一个开放且多元的复杂的动态体系。体育生态文明属于一种全新的世界观与方法论，使人们获得了体育生态化角度的理念基础与思维方式。

从系统论的角度上进行认知，可以明显发现所有的系统都存在着一些共同的基本特征，比如开放性、自组织性、复杂性、整体性、关联性、等级结构性、动态平衡性、时序性等。任意社会群落都能够构成一个特定的社会生态系统，并且，这一生态系统的存在与发展主要取决于内部结构所呈现出的矛盾性与稳定性，并且，也取决于这一生态系统与外部的其他生态系统之间存在的矛盾性与和谐性。各个生态系统之所以不相同，主要取决于它的内部结构不同，毕竟不同的生态系统的内部结构是由其本质所规定的。体育环境本质上属于一个复杂的系统，所以说，体育环境若是想要建设与发展，就应当牢固树立系统论的观点，系统性地构建体育环境。

（一）整体性的环境观

整体性的环境观就是将存在于体育环境中的各个因素共同构成一个不可进行分割的整体，始终坚持以人为本，并对体育自然环境、政治环境、经济环境与人文环境进行综合协调管理。体育环境系统本质上属于一个有机的整体，并且，这个系统的最基本特性就是整体性。关于整体的观点能够符合马克思主义哲学当中与事物普遍联系和相互作用的原理。基于这一观点，在对考察对象进行考察的时候，我们就会十分重视它的整体性，所以说，若是我们要从整体上对我国现有的体育环境进行认识与把握，就应当先树立起一个正确的具有整体性的环境观。但是需要注意的是，因为在很长的一段时间里，人们对于体育的发展情况的认知仅仅来源于获得的竞技体育的成绩，致使我国在对体育环境进行构建的时候，更为重视竞技体育的发展。不幸的是，经过时间与实践的证明，我们发现仅仅依靠竞技体育的成绩的提高并不能够使我国的体育得到全面的进步，甚至于近年来出现了越来越严重的体育社会问题，以及诸如有增长、有抵消，进步不快的新现象。基于系统的观点对其进行研究，能够明显地发现，之所以出现这种情况，主要是因为缺乏整体综合协调发展。简而言之，为了有效解决这一问题，我们应当将体育环境看作一个整体，并对它们之间存在的互利互动与协调一致进行深入研究，以便促进系统能够实现整体运行与持续发展，这就是体育环境系统所构建的出发点和归宿。

（二）层次性的环境观

借助于一个连续的等级结构就能够确保系统的整体性得到维持与发展，我们将其称为层次性。体育环境中所存在的层次性主要指的是整个体育环境系统能够进行纵向上的划分，从而分成若干个等级，并且在划分好的等级当中，低一级系统属于高一级系统的有机组成部分，不同的层次系统之间维持着隶属关系，简单来说，就是较高层次的系统包含着低层次的系统。通过对现代的体育环境系统进行研究之后可以发现，其本身是由自然、政治、经济、文化、科学、教育、信息网络以及其他系统组成的多因子、多层次的复杂系统。依据现代体育社会学的观点对人体进行研究能够发现，人类是体育的主体，人类所能够发挥的主观能动性会在一定程度上对发挥体育环境效能产生影响。总的来说，我们在进行体育环境的系统构建的时候，应当重点关注的层次为人，并且需要将人的智力、体育素质与思想道德素质确定为所构建的体育环境系统当中的主要层次，并由此正式确立人在体育环境系统当中所占据的中心地位。现如今的市场经济不断进行着冲击，并且知识经济也在掀起浪潮，为应对这一系列的挑战，就应当在体育环境的系统构建当中对人进行相应的管理，以便能够切实实现体育的可持续发展，并为人的可持续发展服务。

（三）协同性的环境观

基于系统辩证法，我们可以认为，若是某一个系统要实现整体目标，就应当重点关注系统与系统之间、系统内部子系统及其要素（单元）之间的情况，通过一定的条件对相关行为进行协调，由此就能够产生多因果、正向反馈、多级嵌套耦合等非线性机制的交叉作用，最终形成一个有序的空间、时间与功能的结构。体育环境本质上属于一个十分庞大的系统，在这一系统当中存在着自然、政治、经济、教育等会围绕着体育进行发展，从而形成了多层次的复杂系统，借助于对体育环境的系统进行构建，不仅能够对自然、文化、教育等进行有效配置，还能够实现内部关系的优化，从而有效促进体育的发展，确保投入与产出的最优化。在对体育内部环境进行构建的时候，不但要考虑到日后竞技体育的发展，还要对群众体育与学校体育进行关注。除此之外，应当对奥运会项目进行一定程度上的夸大投入，并加强挖掘与整理民族传统体育。不但要推动一些有着广阔发展前景并且观赏性高的体育运动项目，还要兼顾一些在我国并没有获得较高普及度的项目等。通过种种安排，能够保证我国的体育环境系统内部的结构功能始终保持在最佳状态，由此就能够实现竞技体育带动群众体育与学校体育发展的目的，并且，不断发展的群众体育与学校体育也能够在一定程度上有力推动竞技体育的发展。总而言之，在一个体育环境系统当中，系统整体的量与各个孤立的要素部分之和并不等同，并且，系统整体上的质也不能够简单归结为组成它的要素与功能的和。为全面实现新量和新质，就应当构建出体育环境的系统，并确保各个要素之间存在着相关性与协调性。

（四）动态性的环境观

通过对体育发展的历史性进行观察能够发现，体育环境系统本质上就是一个不断延续并发展的动态系统，这个系统能够从外界吸收能量、信息、物质，最终成为动态的活结构，以确保自己能够一直处于运动变化当中，并且，伴随着时间的流动而不断地变化。一个系统从最初的混乱无序一直发展到之后的规范有序，这个过程就被我们称为组织过程，如果这个过程没有按照系统的外部指令进行运动，仅仅依据系统内部的运行规律与特定的条件实现组织过程的运作，我们便将其称为自组织过程。对于体育环境系统来说，它的运作应当受到外界的控制干预，以便于耦合的各个要素至今能够依据自身所具备的相关性、协同性或是某种默契最终形成宏观有序结构。通过观察体育环境系统自身的组织过程就能够发现，人们应当在体育发展的过程当中，依据于体育现象与存在的规律对体育环境系统进行一定能缺的时空补偿与一定能达的有序调整。因为我国所实行的经济体制为社会主义市场经济体制，所以基于计划经济条件所形成的中国体育的发展环境在一定程度上出现了十分强烈的不适应，并且这种不适应逐渐成了日后中国体育发展的阻碍。所以说，为了突破这一瓶颈，在1997年的时候，我国的前国家体委就提出了"六化"与"六转变"，以此来为我国的社会主义市场经济体制下的体育事业发展环境构建提出了一个值得探索的方向。

三、生态体育对生态文明的价值

（一）体现现代社会环境需求理念

"生态体育"融合了主客观环境中所有的有利因素，其内容丰富、亲近自然、形式灵活，不仅能提高人类的参与兴趣，而且顺应了自然规律——"自主性、自发性、自觉性"，重视社会发展需要与个性发展需要的协调与统一。

"体育生态化"是人与自然和谐的内在要求，是人与社会和谐的客观要求，是人的身心健康和谐的基本要求，是推进体育教育事业的可持续发展的大趋势。

（二）有利于培养个人科学的价值观

在"生态体育"的大环境中，通过利用诸如阳光、水、空气、风等自然条件进行锻炼，能够帮助紧张劳作的人精神放松，能够进行感情流放并实现自我的充分表现的有利环境。利用"生态体育"元素的覆盖和渗透作用，以"润物细无声"的形式加强人类身心等健康的优化。

体育运动通过多种组织形式实施于参与者，提供了广阔的人际交往的大环境，使个体的生理和心理发展受到了一定的积极影响。它能够通过多种多样的身体活动方式满足人的生理和心理需要，优化人的体质、调节人的心理情绪、磨炼人的意志、培养人的合作精神与竞争意识，使其具有良好的人格魅力与个性品质，也增强了人的社会适应能力，推动了心理的发展，增进自我意识的形成。

"生态体育"是提高体育文化生活的重要手段，满足和丰富了人的业余生活文化，是培养与提高人类综合能力、拓展社会实践能力的平台，是开展素质教育的基础，也是构建和谐社会的一个重要理念。有利于引导人们树立正确的世界观、人生观、价值观，促进人们"公平、公正、和谐、竞争、崇尚科学、善于思考"意识的培养与提高。

（三）促进和谐生态社会环境

生态体育的发展，有利于提升社会文化的内涵，以及推进"和谐社会、生态环境"的建设步伐。社会生态文化对人的思想观念、价值取向和行为方式等都发挥着潜移默化的作用。

（四）有利于推进体育教学改革

人们在自然环境之下所进行的一种将一定的身体活动形式作为手段而获得最佳的心理体验的有意义的自然活动方式，被称为生态体育。"和谐社会生态体育"不仅可以转移和缓解人的生活、就业等方面的心理压力，还可以在大自然中获得轻松愉快的交际环境，使人们在"和谐社会与生态体育"的社会环境中充分释放潜在的心理负担。

四、生态体育的特点

（一）环境福利

生态体育既然要强调生态，就应当对开展生态体育所处的地理环境与生态环境进行较高的要求，还需要坚持对环境进行保养，以确保环境一直保持着良好的状态，没有好的环境，何来养生和健康呢？

（二）环境友好

要强调人和自然是一体化的。比如尾气问题和重金属污染问题等。一定要和环境协调和谐，发展友好型体育。

（三）多元社群

"生态体育"中有很多孩子活动的项目。生态体育并不限制民族、地区等，无论是谁都能够参与其中，并积极表达自己的行为，所以我们可以将生态体育看作多元社群型的体育。

（四）人文创新

人文创新可以同时表达人对价值的认识。一切发展的基础都是建立在个人和社会健康的概念之上的，所以人的整体素质健康与否，不仅关系到个人，更关系到一个国家的综合素质，也关系到社会的发展。

（五）保护环境

对于我们来说，保护环境的前提是建立起一个更好的生活环境，这里所要建设的生活环境主要包含有产业环境与城市环境。低碳体育也涉及我们平时的生活习惯，比如出行方式，以自行车配置实现城市低碳。

（六）人体建设

除了强调环境的建设之外，生态体育包括对人体的重建。我们可以通过生态体育的概念、路径、方法以及内容，重建人的健康系统。

五、生态观的培养与乡村生态体育的构建

伴随着时代的发展,人类的生态意识也在觉醒,越来越多的人开始认可生态世界观。若是通过生态世界观的视角对我国的乡村体育发展工作进行审视就能够发现,生态尚未与体育实现统一。在乡村体育文化开展的过程当中,要始终坚持生态体育理念中的生态观,这就是现阶段的生态与乡村体育进行充分融合之后的新型乡村体育理念以及未来的发展目标。对于乡村生态体育来说,其所坚持的思维方式与研究方法就是人与自然相互依存、互惠共生的生态观,并且,还通过将这种思维方式与研究方法充分应用到构建乡村生态体育的过程当中,以实现人与自然、人与社会、人与文化的统一。现阶段对人类来说,在迈向生态文明时代中,体育革新的重要使命就是对乡村的生态体育进行生态性构建,以便能够确立足够牢固的生态观。

(一) 培养以人为本的乡村生态体育理念

若要坚持以人为本,就应当基于人的生命价值对人存在的价值与意义进行重点关注,并肯定不同的人之间存在着个体的差异性与独特性,由此就能够有效提高个体精神世界的健康发展,并有效激发个体所拥有的主体意识,从而能够获得个体的人格尊重与享受生命的权利,最终促使个体生活的幸福指数得以提高。在现代的体育生态系统当中,农民属于鲜活的生命个体,所以我们应当重点培养他们遵循个体特征。

若是要培养以人为本的乡村生态体育的理念,就应当对当地的农民的真实需求进行尊重与承认,简单来说,现阶段的农民自我价值的实现主要是真实需求的体现,这是一条向社会群体表达个人存在意识的途径,也能够借此表露出个人自信。对于农民来说,其自身能够通过各种各样的形式回转到本真的自我状态,重新转变,表现为"真、善、美"的人的本质属性当中,这种回归模式从本质上看是对现有的社会道德体系的一种挑战,我们能够将其看作乡村生态体育当中的社会价值的体现。

1. 让体育回归自然

自然本身就是一种原生的、固有的先天状态。经过生态学的研究之后,我们

发现，人类对自然界存在着依赖性，并且，存在于自然界当中的各种生命现象之间也存在着一定程度上的关联。从某种情况上看，体育实施的主体也是体育的承受者，这两者存在着联系，并且是能够相互转化的。在进行体育实践的过程当中，促使体育主体双方进行实践的途径都为回归自然、亲近自然，这么做是为了确保体育参与者、自然环境能够在一个较为平和的状态之下亲近大自然，最终实现身心合一。不再追求过于功利的竞技体育观，基于平等、民主与和谐的条件促使农民能够自主进行思考、探索、理解等，对人的自然状态加以追求，并充分认识到人所具备的原始需求、个性需求，陶冶自身的情操，最终回归到人本身最为真实的一面，以此使得农民能够对生态意识有一个根本性的认识。

2. 秉承传统体育精神基础

我国传统体育文化蕴含着丰富的价值，是在乡村生活中能影响农民身心发展的一切外部环境。根植于广大乡村的传统体育在作为一种农耕文化状态下所孕育出来的体育活动形式时，其形成和发展必然深受传统哲学思想的影响。其中，"天人合一""气一元论"等思想元素是传统体育文化的特征之一，它对农民身心健康起到了调节的作用。基于新农村背景所构建的乡村生态体育体系，必然要重点关注农民在历史背景之下所隐藏的个性意志与愿望等生命冲动所指的生活方向与生活本源，还需要对存在于乡村中的生态体育信息进行搜集整理，并积极探索乡村生态体育在乡村经济当中所扮演的角色，使得乡村精神文化能够与物质文化实现融合与统一，为农民进行高质量的生活的启迪与指导，以确保能够实现乡村生态体育的和谐发展。

（二）关注生态体育环境

环境就是指某一个体在生活当中所遇到的所有对自身的身心健康造成影响的外部因素。生态体育也存在着诸多的环境，对于体育参与者来说，生态体育应当为自己提供足够有利的发展条件，并为自己认识、利用和超越环境的意识和能力的培养进行辅助。所以说，所有的参与者都应当对生态体育环境的存在形式、存在价值、作用力度等进行深入的思考，以便能够实现对生态体育环境的绿化、净化、美化、优化、智化和变化等，以此有效提高参与者物质环境的质与量，并最终向着精神环境的深度挖掘与自我影响、自我陶醉的方向发展，所以说，为了构建出良好的乡村生态体育体系，作者将会基于环境蕴含的自然、社会和文化等角度对建设物质环境和精神环境的双赢局面进行深入探索。

1. 坚持发展性原则

具体来说，乡村生态体育的自然环境建设就是指基于人与自然和谐共处的角度，为了人类长远利益以及能够更好地享受自然、享受生活，积极引导参与者养成爱护自然等良好的道德文明习惯。对于人类来说，只要真正发现并创造了自然之美，才能够进行享受。

（1）要培养农民环保的自觉意识。首先从自身生活习惯做起，养成不随便乱丢乱弃、乱堆乱放等影响生态环境的习惯。

（2）要培养农民自创自建意识。感知自然的更高要求就是依据农民的身心发展需求进行相应的体育项目的创造，是基于可持续发展的原则对于自然作用的体现，是对自然进行保护与绿化，还是物质环境条件之下的精神世界的升华。培养农民自创自建意识就是为了创造一个和谐整洁、绿色生态的新农村环境，为乡村生态体育发展营造和谐氛围。

2. 坚持依存性原则

对于乡村体育来说，若想要生存与发展，就必然有农民的参与，所以说，农民个体的自身发展与其外在所接触的种种相关因素之间存在着相互依存的关系。只有认识到这种依存关系，才可以使我们意识到乡村生态体育的重要任务是促进人综合素质的提高，构成人与社会环境的融合性和合作性。

乡村社区体育是乡村生态体育开展和传播的有利模式。乡村生态环境建设要有利于人类的身心健康发展，而乡村体育环境发展的首要阵地应该是乡村社区。乡村社区是以中心村为依托，通过资源整合，引导地域相邻的几个村庄的居民集中居住，从而形成的一种介乎城镇化与超越传统乡村之间，集居住、生产、生活、休闲、购物、物业管理于一体，具有现代化功能的新型空间行政单元。以自然居住生活环境和体育设施为物质基础，以驻地居民为主要对象，以满足居民的体育需求、增进居民身心健康、提高居民的生活质量为目的，就地就近开展区域性社会体育。

以保护生态环境为出发点来审视乡村体育活动，促进乡村生态环境与乡村体育发展环境统一，将生态观贯穿于乡村体育文化开展的始终，这些是发展新型乡村体育的前提。本着以人与自然的相互依存、互惠共生的生态观，形成人与自然的统一，人与社会的统一，人与文化的统一。从真正意义上促进乡村生态体育的构建和形成。

第三节　乡村建构生态体育的必要性与可行性

本章主要介绍乡村构建生态体育的必要性与可行性，主要从五个方面进行了阐述，分别是乡村生态体育影响因素与成因分析、传统体育文化的传承与乡村和谐社会建设的相互关系、乡村体育的现状、乡村建构生态体育的必要性和乡村建构生态体育的可行性。

一、乡村生态体育的成因及生态分析

马克思的"自然向人生成"的生态世界观揭示了人的生态生成性。体育的生态生成也正体现在这一过程中。在自然向人的生成过程中，体育运动是人类能量的开发和释放。从根本上说，体育是通过人并且为了人而对人的本质真正占有的过程，是人向自身、向社会人的"复归过程"，而生态体育的发展正是顺应了环境的需要。这必然衍生出许多新的生态体育模式，而乡村生态体育的发展，就是人类社会环境与自然环境很好地结合，这也是现代体育发展的一种全新模式。人们在自然环境中休闲健身，增加了人们对生态环境的认知价值，更使人们感受到绿色家园对人们精神世界的慰藉，激发出强烈的与自然和谐相处的愿望。

"生态体育"模式的形成，并不是突然的，它是顺应社会环境需求的必然产物。而这一切为乡村生态体育的出现创造了有利的条件。

（一）现代城市的快速发展

现代工业文明在给人类带来极大的物质财富和精神财富的同时，也给城市的发展带来了资源枯竭、环境污染、生态破坏等一系列危及人类生存与发展的问题。为了摆脱这种困境，反思人类过去的行为，绿色理念应运而生。我国2008年举

办的奥运会就理性地提出了"绿色奥运"的口号,一些学者也开始用生态学的观点来重新认识、思考和解决休闲体育的发展问题。绿色体育理念注重人类的进步与发展要与自然环境承受力相适应,注重资源的有限开发利用,要求自然环境的开发与保护并重,达到和谐统一。城市里的人生活空间拥挤,生活节奏快,竞争激烈。空气污染、噪声污染等,使人们承受着沉重的身心压力。而古朴的乡村风貌,广阔的空间,清幽的环境,清新的空气,乃至新鲜的食物,怡然自得的生产劳作方式和淳朴的乡村社会生态,无不对人产生着强烈的吸引力。

(二)城市人向往乡村

伴随着激烈的竞争、文明病的侵蚀、人的冷漠以及高频率工作节奏的压力,使得脑力劳动的比例增加,人们开始关注自身的发展,关注生活的质量和多彩的生活内容,人们迫切希望通过休闲体育来缓冲压力、调节精神。"农家乐"休闲体育活动正好孕育而生,它以无污染的自然生态环境为依托,以休闲和谐的乡村淳朴乡情为特色,满足了都市人回归自然、返璞归真的心理要求。同时,休闲体育活动对人的心血管系统、呼吸系统和免疫系统功能都有良好的影响,对缓解心理压力、获得精神自由等方面也有特殊功效,它已成为人们生理上的内在需求,是人的社会生活必然的构成部分。社会个人消费活动大都是在休闲时间进行的,加强发展农家乐体育休闲,不仅有益于民众的身心健康和社会的精神文明建设,也有益于国民经济的增长。

(三)乡村情结

我国是一个农业大国,处于城市化快速发展阶段,城市人口中很多来自乡村,与乡村有着密切的血亲关系。居住乡村的优美的自然生态环境和和谐的乡村人际关系又成为很多都市人的梦想追求。

二、乡村体育的现状

(一)乡村体育发展不平衡

我国经济的发展在地域上呈现出城市与乡村、东部地区与西部地区的不均衡性，体育的发展受经济制约，也呈现出这一特点。乡村体育发展不够平衡，特别是体育健身意识、场地设施、经费投入、科学指导等方面较为突出。

（二）乡村体育人口偏少

体育人口是经济和社会发展到一定历史阶段的体育现象。它体现了人们参与体育度的社会体育指标，也是社会经济发展程度的一个标志，同时也是制定社会发展规划战略研究的一个重要依据。乡村不同年龄段参与的人口明显低于城镇人口，随着人口老龄化的扩大，正呈下降趋势。

（三）乡村体育资源配置不合理

中华人民共和国成立以来，中国的乡村经济得到了长足发展。人们对业余文化生活的要求提高了，人们的健身意识也越来越强，但乡村的体育健身设施却尚未达到人们的要求，有很多地方甚至找不到可健身之处。基本的体育场地和设施是组织体育活动、进行体育锻炼不可缺少的条件。据统计，体育资源配置不合理是转型时期发展的必然现象，在乡村体育发展过程中，尤为明显。场地设施的这一分布结果导致目前除了那些体育先进县、乡镇体育设施的条件较好外，我国广大乡村地方缺乏甚至没有体育活动场所和设施，学校、企业的体育设施单一简陋，年久失修，剧烈活动甚至会带来危险。体育场地设施少、质量差，极大地制约了农民的体育参与。组织体育活动，从宣传发动，到前期筹备，到正式进行，再到总结表彰，都离不开经费的支持。目前，体育经费严重不足，已成为制约乡村体育发展的瓶颈。造成我国乡村体育经费严重不足、场地设施少、质量差的主要原因就是经济因素。因为经济是社会发展的基础，也是群众体育发展的基础。群众体育的发展规模、水平和速度，很大程度上取决于经济发展水平，取决于经济发展所能为群众体育发展提供的物质条件，取决于经济发展带来的个人经济状况以及由此而引发的人的观念、思维方式和行为方式的改变。因此，要大力发展乡村经济，提高农民的生活水平，推动农业的发展。

（四）体育指导员匮乏

农民由于文化素质偏低，体育知识少，对体育器材的选择和体育锻炼方式具有一定的盲目性。要科学发展乡村体育,首先必须要让农民知道这种体育器材是如何使用的、比赛规则是什么、怎样锻炼才是科学的。这就需要发挥体育指导员的作用。社会体育指导员是发展我国体育事业,增进全民身心健康,提高生活质量,建设社会精神文明的一支重要力量。然而,当前我国大部分县区、乡镇具备高级体育专业学历并适合岗位要求的体育指导员极少,且体育指导员男女比例严重失调(男多女少),学历层次较低,不利于发挥其应有的作用,制约了我国群众体育事业的发展。体育指导员匮乏的因素较多,归纳起来有以下几点:第一,对于体育指导员在我国体育发展中的地位和作用认识不到位,重视还不够。第二,乡镇体育指导员的缺乏和结构不合理。第三,我国社会体育指导员的体制建立不久,所以,现行的社会体育指导员的培训管理体制还不够科学、规范,组织管理还不够健全。第四,由于待遇、环境等种种原因,体育院校出身的专业人才到乡镇服务的较少。

(五)体育观念落后,宣传力度不够

乡村生产力落后于城市生产力,人们余暇时间支配也不如城市居民,农民对体育的理解和认识受传统道德和价值观的影响,日出则作,日落则息,长期体力劳动较大,认为劳动就是体育,缺少自觉参与体育锻炼的意识。这也造成了农民群体对于体育健身意识的淡薄。乡村普遍存在"干活就是锻炼,无须再参加体育活动""锻炼身体是城里人的事"的观念。因此在农民眼里,体育成了可有可无的事。空闲时宁可聚在一起拉家常、打扑克,也不愿意抽出时间参加体育锻炼。由于科技文化素质不高,缺乏对科学文化的认识,农民打发余暇时光的方式的确不能称得上健康。当健康向上、生动有益的活动缺失时,迷信、赌博等严重腐蚀人们心灵的东西就会乘虚而入,占领拥有广阔天地本应大有可为的乡村体育文化市场。此外,体育锻炼需要体育知识,而农民群体体育知识除了来自电视中的体育频道外,更主要的来源是体育报刊及体育网站。但是,乡村的体育舆论宣传工作明显滞后,广大农民群众对于当今社会的体育动态、国家的体育政策、体育法规知之甚少,这就大大限制了人们享受体育的权利,阻碍了乡村体育的发展。

(六)有组织的体育活动较少

举办体育活动和体育比赛,不仅给群众提供了亲身参与、体验体育的机会,而且可以起到示范作用,吸引人们参与体育活动。因此,体育比赛不仅是群众体育的重要组成部分,还是提高群众体育整体水平的重要手段。造成乡村体育活动和比赛较少的原因有以下几点:首先,乡镇乡村干部和群众对体育的功能缺乏正确认识,而且广大乡村地区没有农民自己的体育组织机构和管理人员;其次,农民居住分散,作息时间也有差异,再加上乡村许多青壮年外出务工,留守在家的多是妇女、儿童和老人,使有组织的体育活动开展起来困难重重;最后,缺乏搞大型的运动会或其他体育赛事的大量资金。

三、乡村建构生态体育的必要性

(一)是后工业文明社会回归大自然的表现

人类经过漫长的岁月从原始社会到后工业文明社会,其间人们对物质和精神生活的追求也越来越高。然而随着人类对大自然的肆意"掠夺",导致我们赖以生存的地球频频遭受自然灾害。城市人口膨胀、高楼林立、交通堵塞、环境污染等这些日益严重的城市问题疏远了人与自然、人与人之间的距离,拥有着辉煌工业文明的后工业社会,正在失去与自然的和谐相依。人们迫切需要一种原生态的、贴近生活的改变,来驱使他们找到一个恰当的时机与方式回归乡村自然。进入21世纪,"生态意识""生态效益"已成为学者和民众关心的问题,人们追求生态平衡、生态和谐的呼声越来越高,大家祈求着人类和自然的和平共处。

(二)体现了人与自然和谐统一

自然环境构成了"乡村生态体育"的经营环境,而体现人与自然和谐的体育运动、体育文化、体育产品等则构成了乡村生态体育。乡村居民在与自然几千年的相处过程中,学会了适应自然,构筑了人与自然的和谐关系。例如"农家乐"休闲体育,它以贴近自然、消费实惠、简单便捷,既能观光又能锻炼身体的特点广受人们的青睐,成为一种观光产品向度假产品过渡,并实现良好结合的旅游开发形式。在与自然相处的关系中，不同地域的体育文化和体育理念，构筑了不同的乡村风情，这一切体现人与自然和谐的文化构成了乡村生态体育的特色。

（三）体育事业带动乡村经济发展

新农村建设以来，我国乡村正在发生翻天覆地的变化，尤其是乡村经济的快速增长，显著表现在农民生活水平的提高，体育运动正在成为一种时尚，逐步进入农民的视野。农民参加体育的意识逐渐增强，通过体育锻炼，农民不仅达到了强身健体、增强体质的作用，而且节省了看病的开支，一定程度上有利于经济的发展，而节省下来的钱，农民则更愿意将之投入到购买体育器材、体育产品上，这样就拉动了乡村体育消费。重要的体育市场来源，是形成乡村体育产业的重要动因。所以挖掘乡村体育市场的潜力，是实现乡村经济可持续增长的一个新亮点。

（四）有利于乡村精神文明建设

虽然我国乡村经济快速发展，但农民的精神层面十分匮乏，业余生活也相当单调，似乎除了唠嗑、打麻将、下象棋外就没有别的事情做了。而体育正好填补了农民业余生活的空白。通过集体或者个人的参与，农民形成了体育锻炼的意识，有了一个很好的体育氛围。越来越多的群众参与不仅丰富了农民的业余文化，还促进了群众间的交流，增进团结，使乡村社会秩序更加稳定，为乡村经济发展提供了保障。同时也塑造了新农村下的新农民形象，推动了乡村精神文明建设。

（五）有利于乡村政治文明建设

乡村政治文明主要体现在乡村社会民主化的完善程度，而乡村社会民主化主要表现在农民的政治、经济、文化权益能够得到保障。体育不但对乡村物质文明建设和精神文明建设产生着影响，也对政治文明建设发挥着重要的作用。农民参与体育锻炼的意识增强，参与度就会加大，从而就会建立起一系列规范制度来保障其参加体育锻炼的权利。农民由原来被动地参加体育活动转变为积极主动地行使自己的参与权。乡村社会政治民主的逐步改善，有利于乡村社会的团结和稳定，为乡村的经济建设、精神文明建设提供了良好的政治环境。

（六）调整农业产业结构

乡村生态体育是农业产业改造和升级的重要途径。我国传统农业以种养为主，经济效益低，经营风险大。开展农家乐休闲体育旅游，使农业从专注土地本身的单一经营发展到"天—地—人"和谐共存的更广阔的空间，在大幅提高农业经济效益的同时对第三产业中的商业、饮食服务业的发展具有极大的促进作用，而且带动了一、二产业的发展，有助于产业化生产体系的形成，调整和优化了整个地区的产业结构，进一步缩小城乡差别，使其生活设施公共化，生活服务社会化，生活方式现代化，逐步推进了乡村的城市化进程。

在我国，如何促进乡村经济、社会和谐发展成为乡村建设的主题，通过大力发展乡村体育事业，刺激乡村消费，拉动乡村体育产品内需，形成乡村体育市场，促进乡村精神文明建设的发展，对乡村经济良性发展起着重要作用。乡村各项事业的发展，尤其是体育带动经济的可持续发展，符合我国"十二五"规划的精神，也是实现我国包容性增长的要求和不竭动力。

四、乡村建构生态体育的可行性

《中共中央国务院关于推进社会主义新农村建设的若干意见》中明确要求"推动实施农民体育健身工程。积极开展多种形式的群众喜闻乐见、寓教于乐的文体活动，保护和发展有地方和民族特色的优秀传统文化，创新农村文化生活的载体和手段，引导文化工作者深入乡村，满足农民群众多层次、多方面的精神文化需求。"新农村建设在今日并非无源之水、无本之木，它有着深厚的文化传统，因此，任何地方的新农村建设都不是全部推倒重来的，更不是简单的文化殖民，而是建立在继承传统文化基础上的创新和发展。新农村之"新"，不仅仅只看作城市的扩大和延伸，而应该是另一种文明与文化的建立。应利用乡村自身天然形成的自然环境优势，打造丰富多彩的人文和自然环境。新农村的体育文化是多元且相互促进的，同时它也是整个社会环境优雅而和谐发展的体现。因此，建设"乡村生态体育"是现代体育发展的有力补充，也是构建现代生态社会和谐的必然趋势。

人类社会教育、科技、经济的迅猛发展为构建"生态体育"体系创造了诸多有利条件，也为发展"生态乡村体育"创造了有利的空间。

（一）人类的生态意识增强

随着人类生存活动对大自然的影响日益加强，人类自身逐渐意识到个人的发展要与生态相协调才能实现可持续发展的需求。人类潜意识里渴望身体与灵魂能够回归自然、挑战自我、天人合一，渴望建立人与自然和谐共处的科学的体育生态环境，进而从根本上提高生活质量，实现全人类的可持续发展。

（二）塑造社会主义新型农民

社会主义新农村的"新"，不仅仅表现在使广大乡村人口享有丰富的物质生活和公平的社会保障，更应该表现在使广大的乡村人口和城市人口一样可以享受丰富、健康的文化生活和政治生活。《中华人民共和国经济和社会发展第十一个五年规划纲要》在"建设社会主义新农村"部分中提出要"加快乡村教育、技能培训和文化事业，培养造就有文化，懂技术，会经营的新型农民。"建设新农村，必须要培养新农民，而新农民的培养离不开综合素质的提高。综合素质的提高包括思想道德素质、科学文化素质、身体素质这三方面的提高。有研究指出，我国乡村医疗保障体系不完善，农民的身体素质不高，从而因发病率高增加了农民经济负担，也制约了乡村经济的发展。而利用乡村现有的资源发展"乡村生态体育"，不仅提高了农民的身体素质，同时也丰富了农民们的精神文化生活，还将带动当地的经济效益以及社会效益。为提高农民的整体综合素质提供了必要的条件和基础。

（三）"绿色奥运"理念

国际奥林匹克运动会作为世界上最高级别的体育盛会，它的理念直接影响体育的发展。随着人类对奥运精神理解加深，从最初1896年的"和平"理念演变至2008年北京倡导的"绿色奥运、科技奥运、人文奥运"理念，在奥运历史的进程中"绿色奥运"理念逐步趋于核心地位。无论是悉尼的"生态奥运"还是北京的"绿色奥运"理念，都强调现代体育发展要与社会发展和谐共处，创造出"生态体育"的目标与愿景。而在国家大力发展扶持新农村建设的同时，发展乡村体育事业也成为现代体育事业发展的有利延伸，为体育事业向着更健康和谐的方向发展指明了新的思路与目标。

（四）有利于提高生态、经济和社会效益

建立生态体育体系后，体育与生态之间的联系将更加紧密，这将有利于避免不和谐因素的产生。有了生态体育理论与实践作为后盾，体育公共基础设施的设计与建设将更符合生态要求，其选材、选址都将从生态的角度出发。在开发体育项目时也将从遵循生态的角度出发，结合实际需求，创造出属于不同层次、不同需求的运动项目，利用现有的资源去发展适合当地自然条件的运动项目，真正做到合理利用资源，带动地方和社会经济效益。因此，利用乡村得天独厚的优势发展乡村生态体育，就显得尤为重要。

五、乡村体育发展探析

为了寻求新农村体育发展的路径，发扬国家关于新农村文化、体制改革的精神，发展乡村体育已成为推动社会主义新农村文化和精神文明建设的重要载体，是新农村文化建设的重要内容。

发展乡村体育，能够提高广大乡村群众的身心素质，满足广大乡村群众日益增长的健身、文化、娱乐需求。同时发展乡村体育也有利于丰富农民的业余文化生活，促进乡村稳定以及乡村精神文明建设。发展乡村体育是认真践行党的"以人为本"科学发展观，构建和谐新农村的具体体现。

（一）新农村建设的内在要求

乡村体育是指在乡村地理范围内，以乡村人口为参与主体而开展的各项体育、文化娱乐活动。发展乡村体育是新时期乡村工作的一项重要内容，尤其在富裕起来的村镇，发展乡村体育已成为推动社会主义新农村建设的一项社会系统工程。党的十六大把广大群众的健康素质与思想道德素质和科学文化素质并列，把形成比较完善的全民健身创新体系作为全面建成小康社会的目标。党的十六届五中全

会又提出，要构建"生产发展、生活宽裕、乡风文明、村容整洁、管理民主"的社会主义新农村。党的十七届三中全会通过的《中共中央关于推进乡村改革发展若干重大问题的决定》指出："社会主义文化建设是社会主义新农村建设的重要内容和重要保证。"加强乡村体育工作是构建乡风文明、和谐新农村的一个切入点，积极推动乡村体育建设是全面建成小康社会的必然要求，是适应乡村经济社会发展新阶段的时代要求，是构建和谐新农村的内在要求。

（二）构建文明生态村的重要途径

乡村体育在建设和谐新农村、改善新农村文化环境和生态环境中有着重要的地位和作用。首先，乡村体育的发展能够让广大乡村群众获得科学的健身知识，增强乡村人口体质，提高乡村人口文化素质，促进社会生产力的发展。其次，体育作为一项社会文化活动，对广大乡村群众的道德风尚、价值观念、人际关系有重要的影响。能够使人们的心理品质、心理状态得到普遍改善，形成积极健康、文明、理性的乡村文化精神。而且，乡村体育的发展将会改变部分群众落后的生活方式和思想观念，使人们从物欲的沉迷中解放出来，从而排斥黄、赌、毒等劣等文化的存在与发展，优化了社会环境。同时，乡村体育的发展不仅可以展示乡村的独特风采，还可以促进乡村生态环境的改善。乡村体育的发展与生态文明村的建设是一种相辅相成、和谐共进的关系，是构建文明生态村的重要途径。

（三）发展在于创新

发展社会主义乡村体育，应该突破阻碍乡村体育发展的体制，赋予乡村体育新的内容。推进乡村体育建设，应结合社会主义新农村的发展要求，体现新内涵。新理念——乡村体育的发展应"以人为本""和谐共建"。坚持科学的发展观，统筹中心乡镇和边远村落的体育工作。新内容——坚持把新的科学的健身知识、健身方法、健身器材带到广大乡村中去。传统体育需要继承更需要创新，让乡村体育更具有时代性。新体制——坚持政府主导，将市场化机制引进到乡村体育的发展中，激发群众举办体育活动的积极性。新形式——鼓励农民自己推动乡村体育建设，鼓励体育文化下乡。全面建成小康体育就是要推动体育体制由封闭向开放转变，发展模式由局部赶超型向全面发展型转变，发展动力由满足政府需求为主向满足大众个体需求为主转变。

（四）新农村体育发展的基本对策

1. 大力发展乡村经济

经济因素是影响乡村群众体育活动开展的首要因素。在党和政府的领导下和相关政策的支持下，大力发展乡村经济，加大对乡村贫困地区的投资和政策倾斜力度，逐步缩小地区间的差距，使广大乡村群众经济收入提高，使乡村体育活动得到广泛开展的物质基础。充分发挥各种舆论媒体的作用，广泛宣传健身的重要性。定期指派专业指导员和聘请专家前去指导讲授健康卫生知识、健身养生的方法，培养乡村群众的体育兴趣，调动他们锻炼的积极性。结合电影、广播、集会等形式进行宣传和教育。当前，我国乡村社会经济处于快速发展的转型期，发展乡村体育需抓住乡村社会向小城镇为主体的城市化方向发展的重要机遇，以乡村社会经济文化发展的现实状况为依托，以小城镇体育的发展为乡村体育发展的突破口。

2. 倡导文明生活新方式

随着新农村经济发展进程的加快和各项惠农政策的落实，广大农民经济收入持续提高，乡村群众的生活状况不断改善。但是，在一些富裕的乡村社区，人们的生活方式并没有随着生活的改善而改变，"大鱼大肉""香烟美酒"仍然是生活富裕的标志，"打麻将""搓牌九"仍是乡村日常和节庆时间的主要生活方式。人们对健康生活的理念十分淡漠，健康知识相当缺乏，"未富先病""小富即病"的情况时有发生。倡导健康文明的生活方式，是乡村群众文化素质提高的重要体现，也是新农村建设"以人为本"的建设理念，新农村建设应该利用各种宣传方式来倡导文明的生活方式，宣传健康的生活理念，普及健康、健身知识，举办多式多样的文体活动，让人们积极地参与到活动中来，改变生活陋习，增强健身意识，让体育成为生活中的一项重要内容，创新出具有鲜明时代特色的新的健康、文明的生活方式，并以此助推社会主义新农村文化的建设进程。

3. 重视民族传统体育开展和创新

我国乡村地区民族传统体育历史悠久，千姿百态的乡村自然环境、文化习俗、宗教信仰培育了多姿多彩的民族传统体育活动。开展乡村体育活动就要充分重视并发挥与乡村体育有密切联系的民族传统体育的优势和作用。尤其要重视传统的体育项目，如二人台、扭秧歌、秋千、花炮、踢毽子、跳绳等。此外，特别要注重民族传统体育的创新，其中创新应注意的事项：寻找乡村群众喜闻乐见的传统体育项目，发展并创新；寻找适应本村社区环境特点和体育设施特点的一般性体育项目，发展并创新；根据乡村劳动特点创新体育项目，并定期举行劳动体育大会，如搬农作物比赛、挑担子比赛、投鱼叉比赛等；借鉴各地区经典民族传统体育项目进行移植，发展并创新。

4. 加快乡村体育人才培养

乡村体育人才的缺乏是制约乡村体育开展的重要因素。作为乡村基层和政府管理部门，应加快乡村体育人才培养，重点以乡镇体育骨干、乡村社会体育指导员为主，定期举行培训工作，并促进乡村体育骨干队伍建设与乡村文化大院建设相结合，使文化、体育骨干培训工作有机统一。此外乡村体育的发展还应与乡村中小学校体育合作，乡村学校体育是乡村体育的重要组成部分，它不仅是乡村学校孩子接受体育教育的重要内容，还具有传播体育知识的巨大作用，孩子举行体育活动的同时，也会带动孩子家长的体育活动行为。要充分利用中小学校体育教师、体育场地、器材等资源，发展乡村社区体育。最后还应充分发挥家庭体育的积极作用，并同学校体育一起，建立新农村体育的发展共同体。

5. 建立和完善体育管理服务体系

新机制乡村体育的发展，首要的任务是普及。开展和普及体育活动必须坚持党和政府的领导。地方政府应根据中央的有关政策，因地制宜，把乡村体育的发展纳入总体规划。在乡村体育的组织管理体系上，规范乡村体育的组织管理形式，逐步建立和健全乡村体育法规体系。还要充分发挥市场对体育资源配置的基础作用，立足于社会效益优先，加速农民传统体育价值观向现代体育价值观的变迁，建立良好的投入与运行机制。结合乡村经济发展状况，政府承担基础性体育设施建设，社会团体、协会负责组织、协调、开展体育活动。在锻炼项目、方式上满足农民的锻炼愿望，激发农民的体育需求。另外，各级政府和体育组织必须建立法制观念，依法工作和管理，只有这样才能从制度上保证乡村体育的健康发展，保证新农村体育的和谐发展。

乡村体育工作是新农村建设的重要内容，也是党关于新农村建设的内涵要求，发展乡村体育势必会促进乡村文化建设的进一步深入，发展乡村体育要依照党关于乡村建设的精神，结合乡村工作的实际，结合乡村社区群众的基本需求，以人为本，因地制宜，勇于创新。在以发展乡村经济、加大体育设施投入的同时，要注重乡村体育人才的培养，以便建立起一支专业的人才队伍，消除制约瓶颈。发展乡村体育，要借助于社会力量办体育，遵循市场规律，引导乡村体育的产业化发展。发展乡村体育，要加强和完善政府的服务功能，健全公共服务体系，建立和完善相应的保障、管理制度，只有这样，才能进一步发挥体育的文化作用，才能有效推动社会主义新农村文化建设。

第三章 生态文明背景下乡村体育文化的发展

本章主要介绍生态文明背景下乡村体育文化的发展,主要从三个方面进行了阐述,分别是生态文明背景下乡村体育文化发展情况、生态文明背景下乡村体育文化发展意义及生态文明背景下乡村体育文化发展途径。

第一节 生态文明背景下乡村体育文化发展情况

一、新农村建设进程中乡村体育人口结构与分层发展特征

建设社会主义新农村是我国现代化进程中的重大历史任务,是实现中国特色社会主义现代化的历史必然。随着社会的进步,新农村的建设不仅要解决乡村生产方式的转变,提升物质文明建设水平,更要提高乡村现代精神文明化的程度和科学健康的生活方式。作为社会精神文明的重要组成部分,体育文化的建设是新农村建设的重要内容,加强乡村体育文化的建设对新农村建设和体育事业的繁荣发展有着重要意义。

乡村体育人口是衡量乡村体育发展和经济发展的一项重要指标,是了解我国全民健身计划推广实施的窗口,是促进社会主义新农村物质文明和精神文明建设的有效手段和重要载体。新农村建设将我国乡村从分散型向集约型方向发展。加强新农村体育健身工程是建设社会主义新农村、改善乡村体育设施条件的一项基础性工作,是深入贯彻落实科学发展观、维护农民体育基本权益的重要举措,是推动我国乡村居民参与全民健身计划的重要保障。

人口结构问题一直是社会科学研究的主要对象,目前,学界对乡村人口结构

问题进行了较多研究,但是,将人口结构与"三农"问题乃至新农村建设问题联系起来的研究相对较少。从已有的文献来看,关于乡村人口结构问题,大多数是从年龄、性别、素质等方面进行研究的。目前,我国乡村人口在年龄结构、性别结构上主要存在的问题有留守妇女多、留守老人多、留守儿童多,而乡村人口素质结构问题主要呈现为素质普遍不高、人才流失等。人口构成对社会经济发展的影响已经不容忽视,调整人口结构失衡已经迫在眉睫。针对乡村人口结构中的文化、教育等专题,不少学者已经进行过深入研究,并提出了大量可行的建议。总体来看,近年来研究乡村人口结构的文献越来越多,对乡村人口结构的改善具有极大的促进作用,但是现有的研究也存在着一些不足:一是过多强调了乡村劳动力数量过剩,强调剩余劳动力的大量转移,而对乡村人口内部结构问题考虑不足;二是乡村人口结构研究没有适应新农村建设发展的需要。为此,结合新农村建设的实际需要,研究乡村人口结构优化问题,具有重要的理论与现实意义。

经济的发展是衡量一个国家文明和进步的标志。本节以 2010 年安徽省的数据调查为例,进行具体说明。安徽省是我国的人口大省,伴随经济的快速发展,新乡村建设规模亦不断扩大,在构建和谐社会的今天,解决好体育人口与乡村发展的相互协调,是推动新农村文明发展的有效途径。本节从安徽省乡村参与体育锻炼的年龄结构、文化程度、特征以及面临的困境等方面进行研究。

安徽省经济发展速度较快,呈逐年增长趋势,2010 年乡村居民人均纯收入达到 5285 元,但仍然落后全国乡村居民人均纯收入(5919 元)水平。在工程建设方面,安徽省创建国家级全民健身中心 9 个、社区体育俱乐部 7 个、乡镇农民体育健身工程 17 个、全国亿万农民健身活动先进乡镇 383 个,可见安徽省在经济取得重大发展的情况下也对全民健身工程建设方面加大了投入。经济的发展是衡量一个国家文明和进步的标志,安徽省在乡村经济建设投资比重太低,限制了乡村经济的发展,同时也拉大了城乡居民间的收入差距。

随着我国工业化发展和城镇化进程的不断加快,为缩小城乡差距,加快推进社会主义现代化建设,安徽省政府坚持把解决好"三农"问题作为实现目标工作的重中之重,坚持统筹城乡经济社会发展,实行工业反哺农业、城市支持乡村和"多予少取放活"的方针,坚持以经济建设为中心,协调推进乡村社会主义市场经济建设、政治建设、文化建设、社会建设和党的建设，推动乡村走上生产发展、生态良好、生活富裕的文明发展道路。安徽省政府坚持贯彻国家对新农村建设和保障"民生工程"出台了一系列的相关政策、法规：对农民被占用耕地加大补偿力度；对乡村农业税收开始实行减免并进行农业补贴制度，鼓励农民进行农业生产；加大教育投入，实行义务教育，减免义务教育学杂费用，从根本上解决了乡村居民上学难、上学贵的问题；加大乡村居民医疗改革和保险制度，解决了乡村居民看病难、看病贵等一系列问题；加强乡村道路交通建设，解决乡村居民坐车难等一系列问题；在对乡村体育建设方面，政府也加大了投入力度，改善了乡村居民的生活水平，截至2010年底，安徽省建有省级体育专项特色学校25所，省级体育传统学校115所，省级青少年体育俱乐部40所，"十一五"期间，新建体育社团294个，全省县级以上体育社团达到983个，创建了国家级全民健身中心9个、社区体育俱乐部7个、乡镇农民体育健身工程17个、全国亿万农民健身活动先进乡镇383个，省级农民体育健身工程4000个、乡镇全民健身广场200个、"雪炭工程"9个、全民健身路径2123条。政府对乡村的投入力度和对乡村居民的政策制定实施对于增进广大乡村居民健康、提高乡村居民的文化素养、提升新农村的文明化程度、促进乡村体育事业的发展、增强广大乡村居民的体质、丰富乡村居民的业余文化生活以及构建和谐的新农村建设方面做出了积极的贡献。但由于乡村居民人口基数大，经济收入水平低，乡村居民年轻劳动力外流现象比较严重，政府的有限投入在整体上难以满足乡村居民的现实需要，从根本上延缓了社会主义新农村建设的进程。

安徽省近些年来体育人口数量正在稳步发展，无论是规模还是数量都较前几年有较大幅度的提高，伴随乡村经济的快速发展和新农村建设规模的不断扩大，体育人口的数量也急剧上升，而乡村基础设施建设速度的滞后，形成了乡村体育供需的矛盾。

体育事业的发展，基础在于经济。乡村体育发展的规模、水平、速度，取决于经济的发展水平，取决于经济发展为乡村体育发展提供的物质条件，取决于经济发展带来的个人经济状况，以及由此引发人的观念、思维方式和行为方式的变化。合肥作为安徽省省会城市，人口总数在安徽省各地区中排第2位，人均纯收入排在第 4 位，乡村体育人口排在第 1 位。而其乡村体育人口排在第 1 位的主要原因为：合肥市始终把促进乡村合作组织建设作为深入推进新农村建设的重点，乡村周边各开发区城市化建设进入一个迅猛扩张期，使城市化进程加快、加大。

虽然安徽省乡村居民人均纯收入呈逐年增长趋势，但乡村实际收入还处于较低水平，这也映射出我国乡村居民整体收入基数水平较低，如果一个农民连温饱问题都难以解决，试想，他们何来时间和精力去参与体育锻炼？如果农民的收入水平提高了，余暇时间增多，他们自然就会积极参与健身锻炼，提高个人生活质量。因此，个人经济状况不仅影响农民参加体育锻炼的积极性，还会影响他们的体育消费，甚至影响体育锻炼知识的获得和体育锻炼意识的形成。

安徽省乡村男性体育人口多于女性体育人口这一基本情况，说明安徽省乡村体育人口年龄结构在性别上的不平衡。

乡村体育的参与主体主要是青年农民。当前，在市场经济条件下，乡村剩余劳动力被市场经济强大动力推向了城市，其结果导致了乡村一个突出的社会现象：空巢家庭增多、流动人口增多，并且留在乡村土地上的大都是老、少、弱、病、残。随着乡村剩余劳动力向城市大量转移，如此庞大的人口外流是造成安徽省乡村体育人口比例较少的关键原因，同时也严重阻碍了乡村体育的再发展，减缓了社会主义新农村的建设步伐。

在年龄结构上，安徽省乡村体育人口主要集中在 16~25 岁年龄组且随着年龄的增大呈急剧减小趋势，这和我国体育人口年龄结构呈现两端高中间低的"马鞍型"分布不相符，说明了乡村体育人口与城镇体育人口在年龄结构上存在很大的差异，且在调查中，成年人（20~59 岁）超重与肥胖现象严重。成年人在工作中的体力活动大幅度减少，再加上摄入的能量提高，工作繁忙等因素，导致成年人的体育锻炼次数较少，身体素质下降，呈未老先衰趋势。而且，乡村人口随着年龄的增长，体育锻炼意识淡薄，体育健身意识还处在一个较低的水平，认为"从事了繁重的体力劳动，就没有必要再参加体育健身活动"，充分说明乡村居民对体力劳动和体育锻炼的认识模糊，认为"无病即身体健康""体育健身等于浪费时间和金钱"的思想依然广泛存在。而乡村居民达到 56 岁以上基本不参加体育活动，说明乡村老年人参加体育活动的状况非常令人担忧。乡村居民对体育健身的认识比较模糊，导致体育健身的意识较差，这与农民受教育程度、乡村经济状况、社会发展水平、体育文化氛围和体育的宣传有一定的关系。

随着我国经济的发展进步，乡村人口受教育的程度有了很大幅度的提高，特别是高等职业教育以及老年大学的开展大大提升了安徽省人口的学历层次。安徽省乡村体育人口的文化结构主要以高中（中专）和初中文化层次为主，文盲与半文盲所占比重较小，男性与女性学历教育层次相差不大。在受调查体育人口中，45 岁以上年龄体育人口知识结构多以初中及其以下学历为主，45 岁以下年龄体育人口知识结构多以初中及其以上学历为主，这主要和我国 20 世纪五六十年代特殊历史情况有关。到了 20 世纪 70 年代后期，我国步入了改革开放时期，教育事业也迎来了大发展时期。随着政治和经济体制改革的发展，教育各项政策法规的出台，教育投入大幅增长，办学条件显著改善，教育改革逐步深化，办学水平不断提高。进入 21 世纪以来，城乡免费义务教育全面实现，职业教育快速发展，高等教育进入大众化阶段，乡村教育得到加强，教育公平迈出重大步伐。教育的发展极大地提高了全民族素质，大大缩减了文盲与半文盲的比率。

我国各地的乡村体育工作资金来源主要依靠政府的公共财政、各地区的地方财政、民间资金的投入。"十一五"期间，安徽省群众体育蓬勃发展，体育场地设施不断增加。但由于乡村地处偏僻地区，农民参加体育锻炼的活动场所相对比较分散，一般活动场所都在自家庭院、住宅区空地、新农村社区以及村委会或乡（镇）上的中、小学球场进行。从选择的活动内容与方法看，散步和慢跑是乡村居民首先的活动方式。随着年龄的增长，散步、慢跑运动在体育人口活动项目选择中的比例越来越大，其余依次为羽毛球、乒乓球、篮排足球、健身器械（新农村社区）、气功太极、舞蹈；男性体育人口在 35 岁以下组中对篮排足球的选择要靠前，女性体育人口则对羽毛球的选择比较青睐，这反映出乡村居民在进行体育锻炼时，往往更重视有氧锻炼，对力量和柔韧度的锻炼相对不够重视，主要原因是部分乡村居民认为除了散步、慢跑外，不会其他锻炼身体的手段，没有技术人员进行指导，无法参加其他项目的运动。政府各部门应充分利用相关公共资源，建立体现社会公平和效率相结合的乡村居民社会保障制度，采取必要的措施安排专门的体育社会指导员定期在新农村社区对居民进行科学的指导，促进乡村社会的稳定和谐与繁荣发展。

闲暇时间的多少以及利用方式是评价一个社会发展程度的重要标准。安徽省乡村居民用于发展提高自身素质的时间太少，而用于消遣娱乐的时间过多，这主要与平时的劳动强度较大、体育活动场地和器材较少、缺乏专门的组织指导有关。乡村体育的组织管理工作薄弱，群众体育工作机构不健全、投入不足，人员缺乏是制约我国乡村体育发展的因素，乡村由于存在设施落后，乡村体育干部少，专门人才缺乏，组织领导体制不健全，居住分散以及时间难以协调统一等困难，如果缺乏组织，体育活动将很难开展，因此乡村体育组织机构建设非常重要。安徽省贫困地区几乎没有组织过乡村群众体育竞赛活动，在乡（镇）一级的机构里，没有专门负责体育工作的机构和人员，所以乡村的各种体育竞赛长年得不到开展也就不足为奇了。

从对安徽省乡村人口参与体育锻炼的研究中发现，我国乡村人口结构问题凸显，在性别结构和年龄结构上，留守的老年人、妇女和儿童多；在素质结构上，乡村人口受教育水平普遍低下。乡村人口结构的恶化与失衡直接影响乡村体育的发展，不利于新农村建设的持续开展。政府及有关部门应当对劳动力的转移加强引导和控制，制定优惠政策吸引人才进入乡村，加强乡村基础教育投入，强化农民农业技能培训等，从而优化乡村人口结构，推进新农村体育文化建设。

二、当今乡村居民体育文化活动凸显

中国乡村地域辽阔，由于地理环境、人文环境、经济生活条件、社会状况和历史传统体育文化的差异，形成了各具特色的乡村区域体育文化。

改革开放以来，一些具有浓郁地方特色的传统乡村体育文化和民间体育重现生机，并将传统的体育文化艺术形式和富有时代感的体育文化内容结合起来，形成了当地群众喜闻乐见的体育文化项目。如各地方不同的健身秧歌舞、武术、龙舟、篮球、钓鱼、高跷、轮滑、漂流、滑水、滑冰、登山、攀岩、野外生存、野外徒步穿行等体育项目，这些丰富多彩的体育文化活动，既富有传统地方特色，又具有现代内容，成为当地农民的重要体育文化活动佐餐。

随着市场经济的发展，我国乡村体育文化产业发展迅速。从1988年在北京举行的第一届全国农民运动会开始,广大农民走上全国赛场。举办农运会最直接的受益者是广大农民,他们能从农运会的比赛中观赏农味十足且具有特色的精彩比赛,还更加深刻地理解乡村区域体育文化的内涵与健康的重要性。我国也是世界上唯一定期举办全国农民运动会的国家。

在乡村生态旅游、乡村休闲度假等成为当代城镇居民体育文化消费热点的情况下,具有体育文化资源优势的乡村区域体育文化产业获得了良好的发展契机,以现代体育旅游业为龙头和基础的乡村体育文化产业近年来发展势头良好,已成为许多地区新兴的支柱体育产业。

开展丰富多彩、健康有益的群众性体育文化活动和体育精神文明创建活动,是乡村区域体育文化建设的有效途径和重要载体。一些乡村具有浓郁地方特色和民族特色的传统体育节会活动,如湖南岳阳的龙舟节、山东潍坊的风筝节、新疆哈萨克族的"纳吾鲁孜"节以及广西融水的古龙坡会等,这些形式多样、独具特色的民族体育,集健身、娱乐、观赏、保健医疗等一体,具有较强的竞技表演性、娱乐观赏性、教育和文化传承性等价值,构成了我国独有的区域体育人文景观,是中华民族的体育文化瑰宝。

三、文化适应与乡村变迁

文化适应是反映文化特性和文化功能的基本概念,主要指文化对于环境的适应,有时也指文化的各个部分的相互适应。文化是人类社会特有的现象,是人类为了满足自身的需求而创造出来的物质和非物质产品的总和。美国文化人类学家L.A. 怀特认为,文化是特定的动物有机体用来调适自身与外界环境的明确而具体的机制。文化对于环境的适应主要表现为工具和技术适应、组织适应、思想观念适应这三个方面。

工具和技术适应是人类为了生存,需要通过劳动去占有自然。在人类的早期,自然条件的状况决定了人类劳动所采用的工具和技术水平。用斧子砍树,用渔网捕鱼,用弓箭狩猎,斧子、渔网和弓箭等文化元素,都是人类为了满足生存的需要而适应自然环境创造出来的。人类为了生产和生活,需要制定历法,确定年、月、日、时和节气,这些也是根据地球运行的规律创造出来的。时空观念以及在此基础上发展起来的天文学、数学、几何学、物理学等,也是以自然环境为依据的。

组织适应是作为文化基本要素的社会组织适应社会需要而产生的。初民社会,人类为了安全和觅食的需要结群生活,出现了原始群、部落和氏族组织。私有制产生以后,又出现了国家等社会组织。随着社会分工的发展和人类需求的增长,人类不得不更有效地组织起来以满足各方面的需要。自近代以来,各种为数众多的巨大的社会组织——包括政治的、军事的、经济的、文化的、宗教的、科学的、教育的、娱乐的等社会组织纷纷建立起来。每一种社会组织都是为了一个特定的目的而建立,并围绕这个目的而运行。例如,中国在 20 世纪 60 年代末期设立了地震局,80 年代成立了老龄委员会,改革开放以后出现了许多工业和贸易公司,等等,无不是为了适应环境变迁的需要而做出的组织调适。

思想观念适应是指思想观念的适应性。思想观念是物质生活条件的反映,它又反作用于物质生活条件。资本主义精神只有在社会生产力发展到能够使劳动产品变成商品的时候才会产生。当资本主义制度已经确立并暴露出种种弊端时,人类为了从这种困境中解脱出来,才有可能产生出种种社会主义思想。一般来说,虽然环境变化在先,思想反映于后,但思想对于环境的适应是最敏感的。

2013 年 1 月,《中共中央、国务院关于加快发展现代农业,进一步增强乡村发展活动的若干意见》,中央一号文件连续十年聚焦"三农"问题,乡村依旧是国家发展的关注重点,然而,伴随乡村经济社会的高速发展,乡村的生态环境提出了挑战,乡村体育的生态环境发生着急剧的变化,作为事关广大农民身心健康的乡村体育理应受到重视。传统的乡村体育发展思维、乡村体育认知已经很难适应乡村体育发展,面对现实的变化,乡村作为占国有土地面积最多的地区,乡村体育应与时俱进地做出相应的变化,以适应新形势下的乡村体育发展。力求从乡村的总体变迁中梳理出体育生态的变化,结合自身的特点适度地利用和开发,本着再循环,从生态保护的角度出发,在变化中寻求乡村体育发展的适应模式。

(一)乡村经济变迁的影响

经济作为发展精神文明的基础,随着我国乡村居民消费水平持续升高,从总体上来说，经济的增长带来的是乡村生产力水平的提高，农业机械化程度的提高。机械化、科学化农业生产逐渐取代传统的"纯人力+畜力"的生产方式，农民从繁重的农业生产活动中解放出来，农民由"强体力生产"转向"弱体力生产"，同时闲暇时间也不断增多，以往需要几个人干的农活，被现代化的机械取代，使得农民有了更多的时间和体力，这为农民参与体育锻炼提供了有利的条件。不仅如此，农民物质生活的提高，对精神生活的需求就更多，据中国统计年鉴数据统计显示，乡村居民用于文教娱乐用品及服务类支出的经费呈线性增长趋势，而体育消费正逐渐成为这一消费的重要内容之一。

（二）乡村政治变迁的影响

乡村基层民主作为我国政治改革的重要组成部分，民主的推进、村民自治的推行，必将改变乡村的政治环境，这在一定程度上也影响着村落体育的发展和推行。

伴随着乡村基层民主的推行、行政集权的淡化，村民自我管理的意识增强，乡村的诉求表达渠道逐渐改善，尤其近两年来中央竭力打造服务型政府，人们的公民权利得到不断的声张，在这一背景下的乡村居民对体育文化生活的需求有了更好的表达和诉求空间，也为相关政府部门发展乡村体育，提供了更多可依据的体育服务信息和内容。

（三）乡村文化变迁的影响

长期以来，乡村体育的发展过程长期存在着本土体育文化与外来体育文化的冲突或不和谐，这与乡村体育文化具有较强的地域性、乡土性的本土性特征相冲突。于是，我们会看到一些村落的篮球场被废弃，乒乓球台被"冷落"，这就是"外来"与"本土"冲突的表现。土生土长的乡村居民一直生活在传统文化的环境中，对于新的文化模式的到来，还没有做到适应和接受的心理，这也造成了一些参与体育项目的农民被村民"嘲笑"的现象。由于农民一直以来处于相对封闭的乡村环境中，形成了"劳动就是体育运动"的思想，农业劳动的缓慢特征形成了体育精神的偏离。也就是说，本土文化在某种程度上阻碍着乡村体育的发展。伴随着经济社会的进步、网络的普及，农民的眼界开阔，通过电视、广播、电脑等媒体接触到了更多外来的信息，农民对体育也有了更多新的认识。同时由于乡村流动性的增强，更多的农民离开乡村走进城市打工，在新的环境亲身接触到了各类体育活动，又将这些信息带回村落，改变着乡村传统认知；不仅如此，乡村一些先富人群出于各种动机自购各类体育器材，或者出于回馈家乡等目的在乡村配置体育设施，组织体育队伍、活动等，这在一定程度上也不断改变着村民的体育认知，改变着传统体育文化，这都为村落体育的发展提供了积极的因素。

（四）乡村自然生态恶化的影响

飞速发展的经济社会，提高了人类的物质和精神生活，但同时，乡村生活水平的提高，也使得乡村生活垃圾急速增多，农民环保意识的缺乏，造成了各种乱丢乱弃的现象，加之乡村生活垃圾处理设备跟不上现有生活的需求，更是造成了乡村生活空间的挤压和生存环境的恶化；农药的过度使用，生活污水直接排放使得乡村水系遭到严重的污染，各类因素的相互作用致使乡村体育空间被挤压，乡村街道生活垃圾的乱堆乱放、机动车辆增多，造成了街道等体育活动空间的挤压和不安全；河流和池塘的污染造成农民游泳空间的破坏，使得乡村游泳项目在没有公共游泳场馆的情况下几近消失。而生态环境的破坏也使得乡村发展生态体育无法顺利进行，因此，生态环境的恶化，也必将影响着各类体育文化的开展和传播。

（五）乡村体育组织变化的影响

无论对于企业还是社会群体来说，组织都是促进"事业"前进的重要力量，对于乡村体育来说，自中华人民共和国成立以来经历了"强组织—弱组织—无组织—再组织"的过程，从中华人民共和国成立到改革开放，乡村所有的人和事都掌握在乡村大队、生产队手里，各类活动有组织、有计划，也曾促成了乡村体育的一片繁荣，改革开放后乡村实行分产到户，农民的自主性提高，组织化程度降低，但这一时期农民依然要缴纳公粮，依然受组织的掣肘和限制，是一种弱组织的状态；而随着农业税的废除和各类补贴的出现，农民不再受大队、生产队的管理和限制，基本处于无组织状态，乡村体育的开展也完全是零的状态，而随着乡村生活质量的提高，对于体育文化意识的增强，一些自组织的状态开始涌现，许多村民自发地开展和组织体育活动，如打太极、跳健身操、舞龙等传统的体育活动。在提高自身健康的同时，也为乡村发展生态体育注入了活力。

乡村生态体育的构建不单是国家政策、市场因素、自外而内的单向实施过程，也是村民日常生产和生活活动对此做出的积极回应和主动建构的过程。而对于乡村生态体育的开展，应根据乡村生态的变迁所引发的乡村体育生态环境的变化做出积极的适应，这样才能更好地推动乡村生态体育的进展，也才能实现农民与生态体育的和谐发展。

四、乡村生态体育文化面临的挑战和机遇

（一）制约因素

长期以来，乡村居民文化意识、乡村的组织机构建设、乡村的经济都成为现阶段乡村体育发展面临的主要挑战。

1. 文化因素

实践证明，一个地区、一个民族绵延千百年积累起来的传统文化（包括传统体育文化），对群众体育活动内容的产生和发展，对人们体育健身观念的形成乃至体育健身方式的选择具有重要的影响。农民的体育文化活动参与意识不强，体育文化知识匮乏，没能有效地转变思想观念，健身、健心的意识不强。要使大多数农民自发地、科学地、有组织地开展体育文化活动，任务十分艰巨，而乡村也有其自身独特的优势，因为传统体育文化根植于广大的乡村，它对民族的发展产生了深远的影响。

在旧中国，"劳心者治人，劳力者治于人"的思想深入人心，读书做官成为人们终生奋斗的目标，轻视劳动和体育活动的现象风行于世，体育活动被人们视为"玩物丧志"。在这种思想的影响下，体育活动受到整个社会的长期冷落。中华人民共和国成立后，人们对于体育的认识有了彻底改变，但历史沉淀下来的影响不可能在短时期内消失，它仍然影响着传统的中国人，尤其是生活在经济文化落后、交通信息闭塞地区的农民群众。长期以来，乡村居民从事繁重的体力劳动，在相对封闭的环境中形成相对固定的生活价值模式或心理定式，"劳动就等于健身"的观念在乡村居民的头脑中根深蒂固。加之本来就缺乏时间、技术、条件方

面的支持，不可能经常参加体育锻炼。这些传统而又陈旧的观念成为乡村体育发展的最大阻力之一。在这种观念下，许多乡村居民宁愿把闲暇时间用在麻将桌上，也不愿意改变休闲方式而参与体育锻炼。为了改善这种情况，需要多方努力，充分发挥各种传播媒介的联合效应，让乡村居民深刻认识到体育在提高生活质量、营造和谐氛围中的作用。另一方面还要积极创造条件，使农民在日常生活中能够感受到或亲身体验到体育文化特有的魅力。在浓厚的体育文化氛围中受到感染，产生对体育的兴趣，触发运动的激情，弥补农业劳动对机体锻炼的不足和片面，全面发展身体素质。

2. 经济因素

经济是社会发展的基础，也是群众体育发展的基础。群众体育的发展规模、水平和速度，很大程度上取决于经济发展水平，取决于经济发展所能为群众体育发展提供的物质条件，取决于经济发展带来的个人经济状况以及由此而引发的人的观念、思维方式和行为方式的改变。经济对群众体育的影响主要表现在：经济制约着体育经费投入水平。在我国，体育事业经费的投入是按照一定的比例进行的。政府财政收入多，投入就相对多一点，收入少，给体育事业的投入就少，甚至没有投入。现阶段，我国县和乡镇两级财政普遍困难，要让乡镇政府在有限的经费中大量投入体育事业，实在勉为其难。经济发展决定人们的体育需求。恩格斯把人类生活分为生存、发展和享受三个部分。人类只有在保证了生存的基本生活资料——衣食住行解决之后，才会追求生理和心理上的放松和享受。这种追求，正是社会不断进步、人们自身文化程度不断提高、生产力不断发展和人们余暇时间不断增多的结果。

3. 管理因素

《中共中央关于农业和乡村工作若干重大问题的决定》（以下简称《决定》）提出了农业和乡村跨世纪发展的三大战略目标，文化建设是其中之一。《决定》指出：在文化上，坚持全面推进乡村社会主义精神文明建设，培养有理想、有道德、有文化、有纪律的新型农民。加强思想道德教育，倡导健康文明的社会风尚；发展教育事业，普及九年制义务教育，扫除青壮年文盲，普及科学技术知识；发展乡村卫生、体育事业，使农民享有初级卫生保健；建设乡村文化设施，丰富农民的精神文化生活。这就是乡村文化建设的根本目标和具体任务。然而，地方政府重视程度不够，缺乏行政管理力度，在实施《全民健身计划纲要》、构建群众性体育服务体系中，政府本应重抓的三个环节（一是建设好群众健身场地，方便群众就地就近参加体育活动；二是健全群众体育活动组织，建立社会体育指导工作队伍和社会化的群众体育体系；三是举办经常性群众体育活动，丰富群众体育文化生活）却未能落到实处。没有有力的监管及合理的安排，乡村基础设施建设仍难以满足村民的体育需求。近年来，乡村体育设施建设严重滞后于乡村小城镇发展，健身场地设施严重不足，远远无法满足农民健身需求，极大地制约了乡村群众体育的广泛开展。在对河北省石家庄、邢台、保定等地区的乡村走访调查中发现，绝大多数的乡村没有专用的体育活动中心，一般村落中的体育场地往往存在于村小学中。近年来，由体育彩票公益金支持的全民健身路径等体育器材设施也只是在村子里找到相对比较开阔的地方安放，只有极少数的经济条件优越的村子中能看到村民健身中心的形态。体育设施的严重不足限制了乡村居民的体育需求，同时，作为体育文化的重要物质基础，本应拥有的体育设施因为地方政府的监管不够，而乡村中的组织机构以村委会和党支部为基本构架，虽然机构简洁，但组织工作复杂，工作量大，比如农业生产、集体经济发展、协调村民关系甚至计划生育工作等，使乡村干部基本没有精力兼顾更为细致的精神文明建设，更不用说乡村体育的开展了。在这种组织现状下，相当数量的乡村体育开展基本处于空白情况，从而导致基础建设不足，使乡村居民健身需求得不到满足，也降低了他们锻炼的热情。

（二）发展机遇

1. 国家大力支持

中共中央、国务院自 2004 年至 2012 年，连续九年把一号文件锁定在"三农"问题，党和国家高度重视乡村各项事业快速、稳定的发展。社会主义新农村建设是一项长期系统工程，其过程十分艰巨、复杂，其建设过程涉及了我国政治、经济、文化、社会等方面。乡村体育文化对新农村体育的发展具有重要的导向和推动作用，同时也是新农村建设领域的一种意识形态，更影响着整个新农村建设的可持续发展。国家相继出台了一系列惠农政策，为新农村建设提供了良好机遇。另外，各地政府也把全民健身工作作为乡村精神文明建设的一项重要内容，通过开展各式各样的群体活动，不断提高农民体育健身意识，例如，河南省政府推出的"亿万农民健身活动、文体设施进乡村、体育三下乡"等活动，使新农村体育文化建设进入一个快速发展的重大机遇期。

国家体育总局于 2006 年 3 月在全国范围内正式启动了《农民体育健身工程》，并将实施《农民体育健身工程》作为国家"十一五"时期体育事业发展的重要工作任务。国家体育总局启动了"农民体育健身工程"，计划五年之内使全国六分之一的行政村建有公共体育场地设施，10 万个行政村建有农民健身场地设施。社会主义社会新农村建设中发展乡村体育事业的举措，是乡村体育文化建设的东风，给了新乡村体育文化建设难得的历史机遇和新的契机。现在，许多政府部门已经意识到了乡村体育是体育事业的重要组成部分，没有乡村体育的发展就更不要提体育事业的全面发展。所以，如何发展乡村体育已经成为社会主义新农村建设背景下体育发展的新问题。社会主义新农村建设的难点、重点在乡村，同样道理，新时期体育发展的难点是农民的意识，重点是乡村的参与。

2005 年 10 月，党的十六届五中全会通过了《中共中央关于制定国民经济和社会发展第十一个五年规划的建议》，明确了十一五期间我国经济社会发展的奋斗目标和行动纲领，提出了建设社会主义新农村的重大历史任务。这是党中央、国务院在进入 21 世纪后做出的重大战略转移。2005 年 12 月 31 日，中共中央、国务院颁发了《关于推进社会主义新农村建设的若干意见》，意见中明确提出要繁荣乡村文化事业，推动实施农民体育健身工程，积极开展多种形式的群众喜闻乐见、寓教于乐的文体活动，保护和发展有地方和民族特色的优秀传统文化，创新农村文化生活的载体和手段，引导文化工作者深入乡村，满足农民群众多层次、多方面的精神文化需求。

2006 年 10 月 11 日，中国共产党第十六届中央委员会第六次全体会议通过《中共中央关于构建社会主义和谐社会若干重大问题的决定》（以下简称《决定》）中提出：要加快发展文化事业和文化产业，满足人民群众文化需求。加强城乡社区体育设施建设，广泛开展全民健身活动，提高竞技体育水平。《决定》中明确指出：建设和谐文化是构建社会主义和谐社会的重要任务，社会主义核心价值体系是建设和谐文化的根本。

改善农民的生活水平，有利于社会和谐发展。这种改善不仅仅是物质生活的提高，更重要的是精神文明建设在乡村的全面贯彻和落实，这一历史需求为乡村体育的开展提供了契机。

2. 生产力飞速发展

科技是第一生产力，科技革新为乡村解放生产力提供了更大的发展空间，乡村居民在越来越普及的机械化农业革命中品尝到了和城里人一样的生活乐趣，闲暇时间逐渐延长，人们追求更多、更丰富的精神生活成为可能。日益富裕起来的乡村居民的生活方式也随之发生改变，精神追求也逐渐呈现多样化，这种精神追求可能在科学、先进的文化带领下走向幸福，也可能会湮灭于腐朽糟粕的文化中而走向险途。和谐社会建设所倡导的先进文化必须占领乡村居民的精神文化阵地，人们喜闻乐见的体育活动作为一种先进的文化形态，在这一抢占精神阵地的过程中无疑是最好的选择之一。因此，现阶段在广大乡村开展乡村体育具有现实需求基础。

3. 乡村体育设施建设力度不断加大

随着《全民健身计划纲要》和《体育法》的颁布实施，国家对乡村体育场地进行了重点建设。例如，2008年国家安排资金9500万元，在河南、江西、湖北、广西、重庆、陕西、山东、浙江等8个省市选择2500个行政村进行试点，进行乡村体育场地设施建设。国家建设乡村体育设施的力度加大，尽管不可能完全满足乡村体育的需求，但在一定程度上能够发挥示范作用，吸引更多的地方政府资金和社会资金的投入，协同作战，改善乡村体育基础设施现状，为乡村体育活动的开展奠定物质基础。

五、乡村体育文化传播生态的调节对策

乡村体育文化传播生态的调节除研究乡村体育文化对于自然环境的适应外，更主要的是研究影响乡村体育文化发展的各种复杂变量间的关系，特别是经济体制、社会组织、科学技术社会价值观念对人的影响。邵培仁认为"传播生态学要

求人们确立媒介与环境、人与自然和谐相处的新型价值观和资源观,构建正确的信息传播与消费模式,建立科学的媒介经营与管理机制,确保媒介生态的总体平衡和良性循环。"乡村体育文化传播生态系统包括传播者、接受者、传播内容、传播环境的相互影响和相互作用,乡村体育文化传播生态的平衡也需要这几方面的共同调适。

对传播者的传播生态调节。乡村体育文化并非直接传播到农民,而是由乡村体育文化传播中的意见领袖首先较多接触大众传媒信息,并把经过自己再加工的信息传播给其他农民。他们介入乡村体育文化传播,具有影响他人态度的能力,加快了传播速度并扩大了影响。乡村管理者、乡村知识分子、富裕户和外出务工人员都属于乡村文化传播中的意见领袖。

乡村体育文化传播者在乡村贯彻执行党的路线、方针、政策,在社会主义新农村体育文化传播过程中充当意见领袖的角色,起衔接、组织作用,其素质的高低关系到乡村体育文化传播的效果。乡村体育文化传播者要提高自身的组织管理、沟通能力,说服、引导合作示范给农民;学习党的理论知识、乡村的法律政策和农业技术等,向农民宣传和解读社会主义新农村政策;虚心学习实践工作经验、处理乡村矛盾和统筹兼顾的全局意识,与大众媒体进行良性互动。加强自身建设,才能更好地适应新农村体育文化建设的新要求,更好地服务群众。

对受众的传播生态调节。根据心理学的"角色表演"假说,当一个人的思维与行动发生冲突时,他的思维有向行动靠近的倾向。所以,在对受众的传播生态调节过程中,通过让乡村体育文化传播的受众扮演宣传先进乡村体育文化的角色,就可以让他受到与角色相伴随的"思考"的影响,从而改变自己原来的思想和行动。提高农民的文化素质,一方面需要加大乡村体育文化建设的投入,充分发挥乡村体育基础设施的效用,满足农民在健康、休闲、娱乐等方面的需求,另一方面需要选拔一些具有一定体育文化基础和体育天赋的"民间艺人"加入,积极宣传党的路线、方针、政策,"扮演"传播先进乡村文化的角色,用健康向上的民间民俗文化为农民群众服务,用先进文化、正确的世界观和人生观引领乡村良好风尚。

对传播内容的传播生态调节。乡村体育文化传播要加强开展有针对性地对乡村科技文化服务,满足农民在全球化进程和市场经济、传媒及社会流动深刻变革冲击下产生的新需求，采取以城带乡的体育文化反哺方式，加强城乡之间的体育文化交流，发挥先进的城市体育文化对乡村的辐射作用。

乡村体育文化的传播内容要正确塑造农民形象，在宣传政策法规以及传播先进文化的同时，要拓宽宣传教育渠道，增加报刊、广播电视、互联网等大众传媒中的新农村题材，充分发挥现代文化设施功能，塑造新时代农民健康向上的现代生活方式和精神面貌。通过正确的宣传引导，引导传播受众正视农民以及农民工对我国社会发展做出的贡献以及面临的境遇，让农民更好地融入城市社会。

对制度和社会环境的生态调节。乡村体育文化传播是建设新农村的重要措施，乡村体育文化传播生态的平衡需要系统内外各方面贡献力量。乡村体育文化传播生态并不是经济活动的直接产物，它存在着各种各样的复杂的变量，应当从人、自然、社会、文化等各种变量的交互作用中研究乡村传统文化产生、发展的规律，用以寻求乡村体育文化传播发展的特殊形态和模式。

美国文化人类学家斯图尔德认为，研究文化生态学如果孤立地考虑人口、亲属关系、居住模式、土地占有形式及使用制度、技术等文化因素，就不能掌握它们之间的关系及与环境的联系；只有整合各种复杂因素，才能弄清楚文化生态环境中的各种因素在文化发展中的作用和地位，才能说明文化类型和文化模式怎样受制于环境。施拉姆认为大众传播事业的责任需要"媒体、政府与大众三种力量"的平衡。要达到乡村传媒生态的平衡发展，政府、媒体和受众就要担起各自的责任。

各级政府要探索乡村体育文化经营管理方法，健全乡村体育文化建设投入机制，为乡村体育文化建设提供财力支持；同时，各级政府要加强对乡村体育文化传播生态的管理，这是对乡村体育文化传播生态的外部干预，目的在于解决依靠文化生态自我调节难以解决的问题，以保证乡村体育文化传播健康、有序发展，使乡村体育文化传播实现其应有功能，进而促进社会主义新农村建设的顺利进行和社会持续发展。乡村体育文化传播生态管理的主体包括国家各级主管部门、学术科研体系、教育体系、大众传媒等多个机构，各个部门相互配合、优化资源配置，形成合力。乡村体育文化传播生态管理主要包括建立乡村文化传播生态监测系统，以及对系统生态状况的监测、评估、调节和反馈。

媒体运用掌握的话语权影响整个舆论环境，推动社会进步、修正传播的过失、消除城乡居民心理上的隔阂，引导受众正视农民以及农民工对我国社会发展做出的贡献以及面临的境遇，让农民更好地融入城市社会；增加报刊、广播电视、互联网等大众传媒中的新农村题材，充分发挥现代文化设施功能，塑造新时代农民健康向上的现代生活方式和精神面貌，加强开展有针对性的乡村体育项目比赛，满足新时代农民日益增长的体育文化需求。

乡村体育文化传播生态的平衡还需要充分发挥民间艺人在活跃乡村文化、传承民间艺术方面的作用，激发乡村自身的体育文化活力，巩固乡村体育文化建设基础。大力开展"三下乡"活动，鼓励大学生体育人才到乡村基层锻炼，发挥科学、专业的指导培训作用，从而促进乡村体育文化传播生态平衡。

第二节　生态文明背景下乡村体育文化发展意义

一、发展乡村生态体育的优势

（一）民间体育项目资源丰富

我国民间传统体育活动多数产生于乡村的生产、生活以及节庆、农闲时刻，活跃于村、寨、屯、乡。许多体育项目具有深厚的文化背景和历史传统，如龙灯、狮舞、龙舟竞渡等，在大江南北广受欢迎。至于少数民族乡村地区的体育项目则更为绚丽，现已收集与整理出的少数民族体育项目就有977种。这些体育资源不仅是我国传统文化的宝贵资源，也是乡村体育开展的重要资源。除此之外，一些传统的民间体育项目也成为非物质形态文化遗产保护的主要内容，一些民间民俗的体育项目不仅得到了继承和发展，也成为旅游、节日庆典表演的重要项目，形成一定的经济增长点。而演绎这些项目的人也大多是当地的农民或居民，这也在一定程度上促进了乡村体育的发展。因此，丰富的民族传统体育项目是乡村体育发展的人文资源优势。

（二）农民闲暇时间充裕

随着乡村电气化、信息化、机械化程度的提高，农民的生产和生活方式也发生了巨大的变化。这种变化带给农民最大的实惠就是闲暇时间的增多，闲暇时间是除去生产劳动、生理必需和家务劳动时间后，可用于闲暇生活的最大可自由支配时间，但并不等同于农民实际投入闲暇生活的时间。闲暇时间的增多为农民参加体育休闲活动提供了可能。农民虽然拥有较多的闲暇时间，但真正意义上用于闲暇活动的时间较少。如何充分利用农民的闲暇时间，构建合理、科学、健康的生活方式，是建设乡村新生活、新文化的需要，也是解决乡村体育发展的一个重要问题。

（三）活动场所自然资源充裕

由于我国民间传统体育因气候、地形等自然条件及社会因素的影响，形成了与自然环境、物质生产方式、行为方式和生活习俗相处融洽的体育文化和体育项目。大部分民间传统体育项目不需要特定的场地，只要有一块空地即开展。相对于城市，乡村地域宽广，房前屋后、田间地头、溪边河畔、山川河流等都是开展传统体育活动的理想场所。对于爬山、垂钓等活动，许多城市人要专门坐上几个小时的车到乡下才能参与其中，而这些活动就在农民们的家门口，只要他们愿意，随时都可以享受到。

二、建设生态文明村的意义

生态文明村是一个包括经济、政治、文化教育、科技、环境五方面的综合概念。而把环境建设放在首位，原因在于生态文明的提出根本目的是要通过乡村生态环境的改善促进经济政治和文化的协调发展。这并不是在强调生态环境决定经济和政治文化，而是充分考虑了目前在乡村建设中，生态环境的破坏对乡村乃至整个社会的和谐发展造成的重大影响。生态文明村建设的提出是要使乡村的发展达到"文明"的高度，是党对乡村发展观念的重大突破，是乡村发展史上的重大创举。

众所周知，中国是一个农业大国，没有乡村的发展，就无所谓整个社会的发展；不促进乡村与社会的和谐发展，很难真正实现整个社会的和谐发展。而在乡村创建生态文明村正是在乡村落实科学发展观，建设社会主义和谐社会的必然要求，是坚持以人为本，践行立党为公、执政为民的重大举措，是一项富民工程、民心工程，更是落实党的建设社会主义新农村政策，破解"三农"问题的重大举措。

建设生态文明村，需要坚持开展科普活动和农民致富实用技术培训，九年制义务教育入学率达到100%，无青壮年文盲；积极开展健康向上的群众性文化体育活动，乡村的文化和体育设施较为完善；建立新型乡村合作医疗制度，落实卫生防疫措施，提高群众健康素质，村民普遍享有初级卫生保健；村内无违法排放污染物现象，生态环境良好。

生态文明村促进了人与自身、人与人的和谐，体现了"乡风文明"的目标。人与自身的和谐就是要"修身"，即人身修养的提高。人与自然的和谐不仅是人居环境的改善，更重要的是人的美丽心灵与环境之美的统一。人改变了环境，环境也改变了人，生态文明村的创建通过环境的改变不仅促进了农民思想道德素质和科学文化素质的提高，也促进了"文明乡风"的形成。以人为本，促进人的全面发展，不仅仅是人们物质生活水平的提高，更重要的是人们精神面貌和文明素质的提高。马克思指出"人同自然界的关系直接包含着人与人之间的关系，而人与人之间的关系直接的就是人与自然的关系。"可见，人与自然关系的实质体现着人与人之间的关系，而人与自然关系的改善以及人自身修养的提高必然也会促进人与人之间的和谐。

生态文明村促进了人与社会的和谐，体现了"生产发展、生活富裕"和"管理民主"的目标，体现了"生产发展、生活富裕"的目标。人既是自然性存在物，又是社会性存在物。人是社会的组成部分，人的生存发展依赖于社会的进步，同时社会的发展离不开人的发展。人的发展是社会发展的真正目的，也是衡量社会发展的根本标准。建设生态文明村就是要"以人为本"，社会的和谐即人遵循自然规律、经济规律和社会规律活动的结果，是物质文明、政治文明、精神文明之间协调均衡和有序的产物，体现了"管理民主"的目标。生态乡村创建中突出了"两室标准化、基层民主化"的政治目标，通过完善乡村基层民主条件和改善基层民主状况，保证村干部真正履行人民公仆的职责，真正做到"权为民所用、情为民所系、利为民所谋"，进一步密切了干群关系，为乡村的发展提供政治保障。

三、推进乡村生态体育文化发展的意义

（一）城市发展的后花园

随着社会的发展，越来越多的城市人愿意到乡村去，到最广阔的天地去，享受农家乐带来的淳朴的民风民情的体验，成为现代都市人的精神处所。同时，乡村人的朴实又将感染城市人，达到人与人心灵的互补。农家乐休闲体育旅游带来了人流、物流，更有意识流、思想流。旅游的开发不仅给旅游地经济发展注入了巨大的生机和活力，更给旅游地带来全新的观念和思想。城市和农工文化的交融和冲撞，将城市的文化带到乡村，有助于改善乡村文化、提高乡村劳动者素质和缩小城乡差别，更为乡村带来全新的服务观念，大大增强了当地居民的文明意识，促进了乡村地区的精神文明建设。可以说，作为城市化与乡村的结合，农家乐逐渐使乡村人过上城市人的生活。

（二）城市边缘体育的发展

随着科学技术的迅猛发展，人类生活发生了巨大的变化。这种变化主要体现在余暇时间的增多、物质条件的丰富和"现代文明病"对人类身心健康的侵扰。余暇时间的增多使休闲有了必要的前提，经济的发展为人们从事休闲提供了物质基础，使人们有能力选择更多的休闲方式，而"现代文明病"则促使人们主动寻找积极、健康的生活方式。农家乐休闲体育因其经营内容和休闲区域具有一定的特性，可以将其看成城市休闲体育的延伸，因而悄然走近城市人的生活，带动了城市边缘体育的发展。

（三）为体育专业毕业生提供就业保障

近几年来，高校体育毕业生急剧增长，给体育专业毕业生就业带来了空前的压力。乡村生态体育对农家乐的营运和管理提出了更高的要求，既需要掌握休闲

体育的专业技术人员，更需要高层次、复合型的管理人才，体育专业毕业生正好符合其要求，他们将学习的专业技能知识和一定的管理能力应用到农家乐的经营中，不仅传播体育专业技能，还能进一步使乡村生态体育向更高层次发展。

（四）有利于形成可持续发展产业链

乡村生态体育的发展要实现长远发展目标，必须在挖掘乡村绿水青山的文化内涵以及突出地域文化特色上下功夫。乡村生态体育休闲活动是人们在暇余时间为达到返璞归真、释放压力、寻求刺激、冒险、健身等多种目的于户外进行的各种身体活动方式。它们的最大特点是活动主体的自选性、活动内容和形式的多样性。乡村体育旅游项目的拓展，使乡村生态环境建设的步伐提速。在"全民健身与奥运同行"的倡导下，乡村体育旅游正以其独特的魅力吸引着全国乃至全球人们的参与，体验型、参与型、自助型、团队型等形式多样、内容丰富的乡村体育旅游项目，如漂流、皮划艇激流回旋、登山、攀岩、洞穴探险、野外生存、山地自行车、钓鱼等，已经悄然走入人们的日常生活中，逐步成为乡村经济开发的支柱性产业，是对"农家乐"旅游的有利补充。针对不同的目标市场开发不同的体育休闲项目，提供不同的休闲活动和体验，充分考虑当地环境的承载能力，强化资源保护、环境保护的意识，结合当地主导产业和自然人文环境，同时，要将政府、自然资源管理部门和老百姓充分结合起来，让老百姓真正、积极、主动地参与到发展中来，进而带动体育产业的发展，促进当地经济的可持续发展，实现生态、经济和社会三大效益。

（五）有利于生态环境的保护

生态环境是人类赖以生存的源泉，是国民经济存在的根本。改革开放后，我国乡村虽然取得了巨大的成就，但还应该看到我国广大乡村走可持续发展的新农村建设之路所面临的生态环境的困惑。农业生产对乡村环境的污染，化肥、农药的不合理使用，对土壤、水、生物、大气以及人体健康的污染，规模化养殖业废弃物，畜禽粪便大幅度增加，严重影响乡村居民生产生活。随着乡村经济条件的改善，垃圾产生的数量增多，由于管理无序，乱丢乱扔，特别是将垃圾倒入河流中，致使污染严重，危及乡村生态环境。另外，乡镇企业、城市企业"三废"污染向乡村蔓延，给当地的乡村生态环境造成了严重的污染，日渐恶化的生态环境已成为影响乡村经济、农民人身健康的因素。

自然环境会对体育文化系统以及该系统中不断变化的人产生直接或间接的影响。自然环境是体育产生、生存和发展的最基本条件，人类对环境的社会生态适应即人类文化，体育是人类对环境适应的产物，即体育文化。传统体育文化的传承与发展正是适应了这一生态的自然发展。而乡村正是传统文化根植的发源地，推动乡村生态体育不仅有利于乡村经济的提高，增加农民的收入，提高农民的精神文明和物质生活，更有利于体育事业的循环发展，国家的持续发展。因此，倡导与开发生态体育，优化乡村地区自然环境和人文地理环境，通过生态体育创建绿化环境和可持续发展的理念，利用乡村得天独厚的自然环境，积极开展如担挑粮食赛、抗旱提水保苗赛跑、插秧赛、原地抛掷秧苗赛、拔草赛、抗洪搬沙包赛等与农业生产技术结合的乡村体育活动，不仅调动了农民的农业生产积极性，还激发了广大农民发展村落农业、增收致富的豪情壮志和创业激情，这无疑为农业的生产创造了良好的环境。适度的开发和利用，一方面带动乡村的经济，另一方面为乡村的生态环境创造有利的条件，同时也丰富了农民的精神生活。

（六）培养新农村新型农民

乡村体育对塑造新农民的作用是间接而隽远的，而这一作用又集中体现在乡村学校体育的身上。乡村学校体育作为乡村义务教育不可或缺的组成部分，其辐射出的文化力主要是借助推进乡村义务教育来实现的。乡村义务教育的普及与提高，不仅能引导农民了解农业科技知识、适用技术、经营知识和管理知识，培养农民的法律、道德、文明等综合意识，还能引导农民改变生活习惯，逐步树立文明、科学、健康的生活方式。

（七）引领新农村风尚

乡村体育作为农民健康文明生活方式的主流文化之一，对营造新农村风尚的氛围具有强大的推动作用。

乡村体育活动已成为培养农民科学、文明、法治的生活观，倡导健康文明的乡村社区新风尚的载体。有研究认为，体育活动对人们的思想观、价值观、行为方式均有着潜移默化、立竿见影的影响。在乡村广泛开展体育活动，能够引领农民崇尚科学、抵制迷信、移风易俗，树立正确的生活观，革除赌博、大操大办等陋习，推进新乡村建设，倡导健康文明的村落社区新风，使乡村洋溢出祥和文明的新风尚。而且，乡村体育活动的广泛开展，本身就是乡村新风尚的一种体现。乡村体育恰似乡村文化绽开的一朵朵奇葩，绽放出新农村欣欣向荣的景象，彰显了新农村健康文明的新风尚。

第三节 生态文明背景下乡村体育文化发展途径

一、文化自觉与乡村生态体育文化价值的实现

我国的优秀传统文化和其他国家的文化相比虽然有着自身独特的价值，但是在发展和变迁的过程当中我国的传统文化也开始显现出一定的局限性。我国的传统文化只有在顺应时代潮流发展的趋势下，充分了解和认知我国自身的优秀民族历史文化，不妄自尊大和取其精华去其糟粕，真正做到以自己的民族为骄傲。始终坚守民族文化，并且保护民族文化和不断地传承下去，某种程度而言才是真正的文化自觉。文化自信与文化自觉是相辅相成的，文化自信依赖于文化自觉，文化自觉依赖于文化自信的支持，所以讲到文化自觉的时候必须要谈及文化自信。文化自信主要指的是一个国家、民族和政党，尊重、信任与珍惜自己的理想、信念、学说和优秀传统文化，并且尊奉、坚守与虔诚当代核心价值体系的威望和魅力，简单来说就是充分肯定和认可自身文化内涵与重要价值，坚定不移地坚持自身文化的特质与生命力。

无论是对一个民族还是对一个国家来说，历史、文学艺术等诸多方面均包含在国家或者民族的独特文化当中。从横向和纵向的角度来看分别包含三个方面和层次，其中前者包括社会生活、物质生活和精神生活；后者包括行为层次、精神层次和制度层次。从宏观和微观的角度看，前者主要指的是，文化是宇宙当中人创作或者认识所有人文的重要符号；后者主要指的是，文化的实质是物质在人们心中的各种不同反射。

文化自觉实际上也是一种自如、自娱、自若和自乐的一系列正确引导与培育。从本质的层面来看，文化源于民间，受到民间众多百姓的喜爱与欢迎。文化既有教育功能，又有政治功能，文化作为人们消费、娱乐、把玩以及欣赏的对象，表现的方式也是多种多样的，如气势、豪迈、润物细无声等。同时，此种娱乐在大多数情况下会将地域和民族风格、特征等充分反映出来，从实施意义上来说也是一种对民族优秀传统精神的强烈认同与广泛发扬。若国家中的每一位国民都能将此种东西做到深层次的融入与释放，那么也相信这样的民族一定是非常强大和兴盛的。需要注意的是，仅仅依靠发号施令是无法得到的，必须依靠自觉以及众多国民发自内心的执着与强烈兴趣。

文化作为消费或者娱乐必定具有重要价值，于是就出现了文化产业链，在这个产业链中，每个客体与主体之间都是互为联系、相互作用，只有遵循自然规律的发展，根据客体各自不同的特征特点来开发和创新，才能有其真正的价值。而在这种价值的产生中，文化自觉意识才是核心价值，假如没有自觉，也就不会存在文化自律、自问等多个方面的鉴别与度量。因此，在积极弘扬我国优秀民族文化，树立文化自信的过程当中，也不能妄自菲薄，搞民族虚无主义，同时也不能搞国粹主义，持抱残守缺的态度。在积极发展我国传统文化的时候，不仅要将传统文化中优秀的成分完全继承与充分地发扬光大，还要剔除传统文化中比较落后的东西，以便于更好地让传统文化保持活力和新鲜，并且文化自觉还应该采取相应的态度，如开放、包容，以及正确的措施。我国的众多传统文化虽然是从封建文化传承和蜕变的，有一定的封闭性，但是封建文化在不断发展的过程当中也在吸收世界先进文化的精华，并且和封建文化巧妙融合在一起，这也从制度层面证明了中华文化同样具有一定的包容能力。

在 1978 年，我国政府实施改革开放的政策以后，无论是和世界的相互交流，还是和世界的对话，频率和次数都逐渐增多，在改革开放的深入影响下，国民接受与传递新鲜事物的速度之快，以及发生各种变化的范围之广，都令人感到惊奇和称叹。在改革开放的过程中也会遇到很多的问题，其中怎样在开放中依旧保持我国独有的民族特色是其中的关键问题之一。我国传统文化总体发展的趋势是包容有余、延续不足，原因是在历史发展的潮流中每一个封建王朝均会改变前朝时期的文化方式或者文化形态，使文化产品相应地割裂和残破，如汉服一定不能延续到唐朝时期，唐装又一定不会成为宋服等。从这一方面来看，部分国家的做法是非常值得参考、借鉴和学习的，不管执掌政权的是谁，均会维护与保持国家或者民族固有的文化习俗，不可以任性随意的改弦更张。

（一）文化自觉与文化传承

所谓文化，主要指的是整个人类环境由人创作的那些方面。文化主要包括有形部分与无形部分，从现代来说，即物质文化遗产与非物质文化遗产。

传承不仅具有承接、接续和传递的意义，还具有沿袭创新和承上启下的重要意义，大多数情况下承接好的方面。文化传承是传继社会文化，除了是对文化"历时性"的广泛传播，也是对文化在社会群体的代际成员之间做接力棒似的纵向传继的重要过程。文化传承主要是对文化从一代人到另一个人纵向传继的强调，同时也是在时间上世代传递的重要过程。文化传承虽然对文化在纵向上的传递进行了重点强调，但是并不对文化在纵向传递的同时也在横向得到广泛传播的事实进行否定。文化横向传播不仅包含了具有相同特质的文化在同一社会群体成员中的广泛传播，也包含不相同特质的文化从一个地区传播到另一地区或者社会群体的重要过程。在现实生活当中，一代人先从上一代人承接到相应的文化，并且通过传承的方式获得群体文化，之后不断地将传统文化继承下去，同时在传继传统文化的重要基础上经过一定的发展和创造，再形成全新的文化，之后将这些形成的新文化传递下去。

在文化传承循环的过程当中，每个时代的群体成员均是文化传承的重要组成部分，缺一不可，假如文化传承的时候缺少某一环节，除了会对文化的保护和传承产生直接的影响之外，也会在一定程度上影响文化的再生产，严重的甚至使民族社会文化断层。人类的所有活动均是在相对特定的历史条件下产生的，每一代人生活在相对特定的环境当中，由于接触的文化不同，每个人都会在潜移默化中继承上一代人的传统文化。随着时代潮流的发展，在全新时代的特殊要求下，充分利用与改造传统文化，以便于让传统文化快速适应新时代的各种不相同要求。不管是对族群还是民族来说，文化传统需要快速、全面适应现代生活的历史条件和文化基点,并且无论哪一个民族的现代生活,均建立在被批判过的传统之上。

(二)加强文化建设的重要意义

民族创造力、凝聚力的重要源泉和动力是文化,同时文化也是重要的综合国力,即竞争力和软实力的重要因素。想要促进和推动中华民族的伟大复兴,只有不断地繁荣我们自身的文化。有人将文化和经济比作社会发展的重要车轮,两个车轮缺一不可。需要注意的是,这并不意味着现在没有文化,而是现在的文化不是完整的,有一定的缺憾,需要迫切加强。因此,在文化建设的过程当中需要不断加强行为层面、精神层面和制度层面,才可以使文化承担其重要的使命和责任。

(三)文化的重要功能是形成社会规范

社会规范虽然应该提升为相关的制度和法律,但是制度和法律均应该有民意、道德和文化素养的重要基础。社会规范大多数情况下是民意共识不成文的相关规则。社会规范只有充分依靠文化的庞大力量,以及人们自觉地遵守、主动参与和介入,才具有一定的约束作用,更好地维护人们的行为秩序,以及建设更加和谐、完善的社会。人心建设其实是文化建设的最高境界。

(四)按照不同时代、地域的标准,文化被分成不同的类别

文化的类别是多种多样的,如古代文化、民间文化等。本节重点阐述体育文化。体育文化作为将国民综合素质健康观充分展现出来的文化,同时也是被人们广泛接受以及认同的重要文化。体育文化的特点是多种多样的,如普遍性、开放性等,和开放、多元的社会需求相适应。传统体育文化(大众体育文化)作为根植于广大乡村的平民文化,不仅受众最多,影响也非常的广,从某种程度而言是人们休闲娱乐以及喜闻乐见的重要精神文化。

(五)文化的自觉和自信是时代的迫切召唤

地域和乡村文化的健康有序发展深入人心,乡村的全方位治理,以及城镇和乡村之间的统筹、互动,国家和乡村之间的关系是非常复杂和重要的,并且时至今日依旧影响与制约着我国,因此需要国民具有一定的文化自信和文化自觉。文化自觉主要指的是对自己和对方有更加清醒的理性认知,一是客观反思比较自身

和他人文化之间的差异，同时这也是文化相互交流、吸收和融合的重要前提，二是辩证的取舍吸纳，取其精华去其糟粕，给予异质义化充分的尊重，并且积极借鉴、参考和学习异质文化，最终实现"海纳百川有容乃大"的良好心态，是更新以及进一步壮大自我文化的迫切需要，三是紧随时代潮流，做到与时俱进，保持思想的活跃性，通过不同的方式不断提高继承能力、吸纳能力、融能力合以及创新能力。

在社会主义新农村建设的过程当中积极推动和促进新农村文化建设是一项非常重要的内容，并且加强对乡村文化建设的力度，一方面可以快速提高农民在综合方面的素质，使乡村经济得到快速的发展，从而更好、更快地推进全面小康建设的进程，另一方面对充分协调各个方面的利益关系、维护乡村的稳定，推动科学文明乡风的进一步养成以及乡村社会的全面进步，同样也发挥出十分重要的作用。从当地的实际发展情况出发，将求真、求诚的常识、常规以及常理性的问题，通过文化的重要力量，并且有效地和实际发展情况结合在一起，使文化得到相应的传承与广泛的传播和发展。随着此种案例的不断积累，生态文明社会也就有了源源不断的发展动力，同时在建设社会主义核心价值体系的过程当中，既有丰富的知识和经验，又有重要的群众基础。

我国的乡村建设在改革开放的深入影响下，虽然取得了良好的成就，但是和全面构建和谐社会和新农村的要求相对比依旧有较大的差距，特别是以下两点：一是文化设施在利用率方面不高。近几年，各个地区虽然投入了大量的人力、财力和物力建设城镇、乡村的文化设施，但是村民的利用率却并不高，甚至有的文化设施已经沦为聚众赌博的不良场所；二是组织和举办的乡村文化活动缺少吸引力。很多乡村文化工作者组织和举办的文化活动，无法充分调动和激发广大农民群众参与的主动性和积极性。很多农民群众反映，舞台上表演的作品并没有太大的吸引力，与其浪费时间，还不如在家睡觉。

乡村文化建设需要更加强调和注重自觉创新，不仅实现文化内容和形式的创新，还要实现文化手段的全面创新，通过不同的方式努力找准契合点，持续打造新亮点，只有这样才可以充分满足广大农民群众逐渐增长的不同精神文化需求。在开展乡村基层文化工作的时候也应该主动、积极、快速适应农民群众"求富、求知、求乐"的综合性文化需求，同时将体育文化活动是劳动的狭义理解打破，除了有效满足广大农民群众不同健康需求之外，也要对先进的科技、相关的法律和市场知识进行充分的利用，让更多的农民群众可以自发地认识和了解乡村自己的独特文化，对乡村特色文化产业给予积极的引导和大力的扶持，使广大农民群众在脱贫致富、奔小康的过程中感受和体验文化的甜头和重要价值，从而进一步激发和充分调动广大农民群众在新农村文化建设过程中的创造性、积极性和主动性。

在生态文明背景下，将体育文化建设作为乡村文化自觉创新的最佳切入点。众所周知，乡村的民间文化资源非常丰富，有的就存在于日常的生活之中。从某种程度而言，乡村民间丰富的文化不仅适合广大农民群众的审美习惯，还和广大农民群众的认知方式完美契合，所以接触的时候会有一种极为亲切的感觉。对乡村现有周围独特的民族文化或者历史文化遗产当中挖掘各种文化资源，为广大农民群众提供精神产品的同时，也为其提供多姿多彩的民间文化活动，能够让这些农民群众在劳动之余不出远门或者不出村的情况下，深刻感受到文化的熏陶，以及文化的价值。在利用特色文化组织和开展各种不同类型文化活动的时候，最好和最合适的办法是始终保持文化活动喜闻乐见的风格，并且对文化活动的内容进行有效充实，使文化活动具有一定的教育性和时代性，从而让文化活动真正成为广泛传播先进文化的重要载体。通过"旧瓶装新酒"的独特方式，实现和完成乡村文化的进一步创新，着重强调和加强农民业余文化队伍建设，只有将更多的农民群众纳入文化队伍当中，才可以对农民群众的各种不相同文化需求有更清楚的认识和了解，在乡村文化建设的过程中让乡村文化自觉创新的针对性以及科学性得到快速的提升。同时，加强农民传统体育文化队伍的建设，发挥其典型示范作用，吸引越来越多的农民关注、参与乡村文化建设。而这种结合自身特点的价值，也是农民最乐于参与和传承发扬的文化活动。

二、文化空间与乡村生态体育文化体制的改革

在生态文明背景下，乡村体育发展及其全新阶段的客观要求是全面树立与落实科学的发展观。随着全球体育领域的不断发展，目前我国已经把乡村体育纳入

全面建设体育强国的长期目标，推动、促进和加强乡村体育协调可持续发展。充分依据统筹发展的相关要求，对协调发展的重要理念进行强化，促进和推动乡镇体育和乡村体育、文化等更好的一体化整体发展，在多个不同方面做出成效，如增强农民体育意识、有效改善乡村体育条件等。同时，在乡村文化建设的过程当中，严格遵循乡村体育城镇化、多样化等特点，始终坚持和贯彻以人为本，通过各种方式积极引导和调动广大农民群众参与健身的主动性和积极性，最终通过一系列的操作逐步形成全民健身的社会风尚，促进和推动乡村生活方式的全面改革与进步，以及让广大农民群众的生活质量和水平得到进一步的提升。

然而我国乡村体育公共产品供给严重短缺、体育指导人才的缺乏、体育设备的监管、赛事活动的组织、经费的筹划等问题，一直是制约乡村体育发展的主因。为了早日实现社会主义新农村的要求，必须从根本上解决农民的现实状况。在国家大力发扬非物质文化遗产的同时，作为植根于乡村的传统体育文化，我们不但秉承继承与发扬的思想，同时还要结合实际，科学合理地创立出适合新农村生态环境的体育活动。而开展这一系列活动的前提是有效的体育制度，这样才能保障实施体育活动时的顺利进行。但目前乡村体育制度上的不完善，致使乡村体育发展缓慢，为了加快乡村体育文化生活的发展，必将对现有体制进行改革，为此乡村体育工作者在开展和组织乡村体育工作的时候应该将农民群众作为主要的对象，将乡镇作为开展和组织乡村体育工作的重点，面向基层，为广大农民群众提供更好的服务；在乡村体育工作的过程当中将全面开展全民健身活动作为重要的基础，并且将进一步加强体育相关设施建设、繁荣和发展乡村体育为中心，不断深化体育改革，促进体育快速发展，让广大农民群众的乡村文化生活得到丰富，从而更好地为乡村两个文明建设提供一系列服务。

乡村体育主管部门不仅要促进传统体育的发展，在面对我国众多优秀的民族和民间传统体育项目的时候，也应该善于挖掘、保护、推广等，从而为我国培养一大批优秀的传统体育人才，让我国民间和民族的传统体育水平得到大幅度的提升。除此之外，我国为了更好促进乡村体育文化的发展，制定了众多与其相关的教育方针，因此乡村各级各类学校应该始终坚持和贯彻这些教育方针，将《全民健身计划纲要》《中华人民共和国体育法》的规定真正落到实处，让农民的健康与文化素质得到进一步的提高；充分利用学校相关的体育场地、设施以及体育教师等众多资源方面的优势，为乡村体育的快速发展提供更好的服务。通过制定相关组织管理、物质保障、体育活动、体育骨干、体育产业的管理制度，来促进乡村生态体育文化的传播和发展。

（一）组织管理

县级体育主管部门在乡村生态体育文化体制改革的过程中，应该不断加强当地行政区域乡村的体育工作，积极构建相关工作机构，并且充分和当地乡村体育发展相适应，专门为其配备相关的工作人员，和构建的相关部门共同努力，全面推动和促进乡村体育事业的进一步发展。除了加强对当地基层体育组织的一系列管理、指导与监督工作之外，还应该不断加强对体育社会团体的管理、指导与监督工作，县级体育主管部门支持基层体育组织和体育社会团体按照法律、法规与章程开展相关工作，将基层体育组织和体育社团发展乡村体育事业中的重要作用充分发挥出来。

无论是乡镇、村还是居民小区，应该适当建立一些体育健身点，并且建立后促进这些健身点的快速发展。在安排场地设施的时候，体育指导站、体育健身点应该充分按照当地的实际条件来进行具体的安排，制订科学、合理的工作计划，和其他文化体育工作结合在一起，同时为其配备专门的兼职工作人员，以及安排相应的活动经费。县级体育主管部门于乡镇、居委会在开展工作的过程当中，不仅要加强对体育指导站与体育健身点的正确、科学、合理的管理，还要进一步加强对社会体育指导中心的全方位管理，为体育指导站、体育健身点和社会体育指导中心工作的顺利开展创造各种有利条件。与此同时，加强对体育工作的科学、有效领导，充分激发和调动广大农民群众参与体育活动的主动性和积极性，并且为广大农民群众积极参与体育互动创造必要的有利条件，支持和扶助广大农民群众性体育活动的顺利开展和组织。

（二）物质保障

生态文明背景下，在发展乡村体育的过程当中应该将体育基本建设资金和乡村体育事业经费，纳入县级财政预算以及最基本的建设投资计划当中，并且随着经济的快速发展和体育事业的进步，对体育事业的物质投入力度逐渐增加。随着经济的快速发展，乡镇和居委会应该适当投入体育基本建设资金以及体育事业经费，促进体育事业获得进一步发展。县、乡镇和居委会应该鼓励和激励企业、事业组织等，以各种不相同的形式支持，如投资、捐赠等。

乡镇和居委会在群众居住区建设相关体育设施的时候，应该始终坚持多样、就业等原则。资金和条件比较好的乡镇能建设具有综合性的群众健身活动中心，使乡村体育场地设施建设规模得到提高的同时，其建设的水平也相应得到一定的提升。县级体育主管部门应该在乡村体育发展的过程中与有关部门共同协作发展广场与公园体育，不断加强对广场和公园体育的全面建设，并且鼓励和激励众多企业、事业组织等积极投资建设各种体育设施。从乡村教育的角度来看，为儿童或者青少年构建、开辟校外体育活动场所，建设儿童体育活动中心、青少年体育活动中心等，让儿童或者青少年的校外生活得到丰富。

乡村体育活动开展和组织的必要条件是乡村公共的体育设施，所以不管是个人还是组织，均不能侵占或者破坏公共体育设施。在出现需要临时占用体育设施的特殊情况时，必须得到县级建设规划部门以及体育主管部门的批准后才可以使用，并且在使用体育设施后要及时归还；按照相关规划需要对体育场地用途进行改变的时候，应该充分依据相应的法律、法规选择合适的地点，并且在建设的时候需要以不减少和不降低原来体育场地面积和标准为重要前提，在建好全新的体育场地以后才可以改变原来体育场地的用途。

（三）体育活动

乡村体育工作人员在开展和组织乡村体育活动的时候，应该始终坚持和文化活动、生产劳动结合在一起，同时有效坚持业余、自愿等原则，对农闲季节与传统节日进行充分的利用，开展和组织各种广大农民群众喜闻乐见和丰富多彩的有趣体育活动。乡村体育表演活动与体育竞赛应该将民族性、普遍性重点突出出来。个人与组织在开展和组织体育活动的时候应该严格按照法律、法规来进行，并且在体育活动当中严禁从事赌博、封建迷信等违法活动。

无论是县、乡镇还是居委会，均应该定期组织和举办全民健身运动会，并且每一年都制订相应的计划,开展各种形式的表演活动与体育竞赛。对开展残疾人、妇女儿童和老年人的体育健身活动有足够的重视,为这些残疾人、妇女儿童和老年人积极参与各种体育健身活动创造有利条件,为其提供方便和机会。在对体育科学知识进行广泛宣传和普及的时候,也要采用简便易行和科学有效的体育健身方法。推动体育文化的过程当中也应按照国民体质测定标准来进行,扶持和帮助有条件的单位或者地方建立体质测试站点,定期组织广大群众及时进行体质检测。县级体育主管部门应该严格按照相关规定,对体质测试机构进行严格、有效的审判与科学管理。

(四)体育训练

在开展体育训练的过程当中,应该始终坚持普及和提高结合的正确方针,构建全新的体育训练网络,对传统与优势的体育项目进行不断的培育、发展,培育更多优秀的社会体育骨干以及体育后备人才。

从教育角度来看,县级教育主管部门应该和体育主管部门联合起来,共同改善文化学校与体育训练的相关条件,对具备条件的项目训练场地进行大力的建设与发展。在充分遵循少年儿童运动训练规律的同时,也要严格遵循其生长发育规律,使建设的体育学校能够科学地选择教学材料和系统的训练,从而让乡村儿童在综合方面的素质得到不断提高。

(五)体育骨干

当前,我国乡村体育依旧存在很多问题,其中组织不健全是存在的问题之一,乡镇建立的文化体育领导小组,应该由专门的领导负责,并且由其他相关部门参与的,如共青团、妇联等。县、区、乡(镇)政府需要建立体育骨干队伍,这些重要的骨干成员以社会体育指导员为主体,社会体育指导员与组织、教练员、裁判等均属于乡村体育骨干。

广大群众在体育骨干队伍的全面带动下,积极参与开展各种不同类型的体育活动;对体育科学知识进行广泛的宣传和推广,传授群众更多的体育技能;正确、合理指导广大群众进行科学、有效的锻炼。同时,县、区、乡(镇)政府还需不断加强对体育骨干的一系列培训与有效管理,进一步提升体育骨干在业务方面的能力，以及思想道德方面的重要素质，将这些体育骨干的重要作用充分发挥出来。因为体育骨干具有一定的自发性、业余性、号召力等，所以应该与其保持长时间的合作伙伴关系。由其他社会团体或者农民骨干构成的体育协会组织的众多体育活动，大多数情况下比县级政府部门组织的体育活动效果好，所以对政府行为为主进行大力提倡，充分依靠各个部门、基层、企业与个人的自助等，全面推动和促进乡村体育健康、持续、快速的发展。

（六）体育产业

县级体育主管部门在发展体育产业的过程当中，应该和当地体育、经济的实际发展情况结合在一起，科学制定改革与发展乡村体育产业的一系列措施与规划，积极发展和促进适合乡村特点的体育产业，如体育健身、体育娱乐等。对个人与企事业组织严格依法兴办体育产业进行大力的鼓励和支持，并且还应该有效管理与及时监督体育经营活动，保护和确保体育消费者、经营者的重要合法权益。在开展和组织乡村体育活动的时候，县级体育主管部门应该坚持勤俭办事的重要原则，充分按照地区经济、体育发展的实际情况来进行，做到量力而行。注重对乡村生态环境的有效保护，以便于为乡村生态体育的健康有序发展，提供强有力的保障与重要依据。

县级体育主管部门在对乡村建设进行合理规划的时候，乡村体育需要充分利用文化中心、文化站等开展和组织相关的体育活动。在组织农民积极参与各种不相同类型体育活动的时候，体育活动的内容不仅应该多种多样、丰富多彩，还应该实现体育活动的多样化与经常化；开展的体育活动应该具有一定的健身性、社交性等，在选择体育活动项目的时候，应该尽可能地选择地方特色浓郁和民间传统突出的活动项目；乡村的体育表演活动和竞赛应该将民族性、科学等进行重点的突出与强调，从而更好适应广大农民群众在身体和心灵上的不同需求。需要注意的是，在开展组织体育活动的时候，需要对多个方面进行全方位的综合考虑，如农忙与农闲、南北方差异、季节的不同、年龄、性别等，同时将现代体育项目非常巧妙地和民族传统项目有效结合。

例如，具有浓郁农味的农运会，其比赛项目均和乡村实际发展情况相结合，并且经过深入研究之后设置的。在竞赛项目上努力做到且始终坚持区别于其他运动会，除了把农民和乡村的特点、特色表现出之外，还在一定程度上面将农业的特性进一步展现出来，因此在乡村可以得到十分广泛的普及与推广，同时受到广大农民群众的接受、认可和欢迎。通过对农运会多年深入研究、探索以及不断地改进创新，最终有效确定了项目设置的三项基本原则：一是在乡村开展十分普遍、深受人们喜爱的篮球、乒乓球等现代竞技项目；二是有着独特的乡村特色，受到广大农民群众喜欢和欢迎的龙舟、舞龙舞狮等民族、民间传统项目；三是和乡村实际生活情况贴近，并且与广大农民群众生产劳动、生活巧妙结合在一起的特定项目，如健身秧歌、插秧和抛掷秧苗比赛、水中运送物资等比赛。

因此，当农民从意识转变后形成有利文化发展空间的同时，乡村内部体育文化体制也应顺应发展，从各个方面进行制度改革，为推行乡村体育文化建设创造更坚实的基础与依据。

三、促进乡村体育发展的对策与建议

（一）乡镇带动乡村

与乡村相比，乡镇一级的组织机构相对严密，经济发展水平较高，基础设施相对完善，体育资源相对丰富。在乡村体育活动的开展中，把乡镇作为突破口，以点带面，向周边村落辐射，用丰富的乡镇体育活动形式来影响周围村子的体育热情，无疑是当前发动乡村体育活动的便捷途径。

（二）拓宽体育投入渠道

体育开展需要基础建设，需要组织经费，钱从哪里来？政府需要对城乡体育资金的投入比例进行优化、完善与调整，进一步加大对乡村体育的资金投入力度，同时积极拓宽资金的投入渠道，鼓励和激励企事业单位、个人等积极资助体育健身活动，并且全面提倡个人与家庭为体育健身投资，从而逐渐形成一种由政府拨款、社会统筹以及个人投入，三者结合在一起的多元化资金投入的完美格局。

在当前形势下，完全由政府承担似乎难度很大，特别是经济欠发达地区。因此，乡村体育的融资渠道必须多样化，一方面加强地方政府对乡村体育必要的资金投入和适当数量的健身设施建设支持，另一方面充分利用社会资金，创造政策环境，号召城镇、乡村的个体、私营业主通过对体育健身项目的投入，通过合理的收费，发挥市场机制的作用，形成乡村体育市场。在组织县一级的乡村运动会时，完全可以把面向乡村的众多商家拉进赞助的队伍，如种子、农药、化肥等农资经销商，在破解乡村体育活动资金难题的同时还可以扩大宣传、繁荣乡村市场。

（三）发展地方特色项目

在广大的乡村中，存在多种地方特色的、以节日庆典为主要形式的活动。以河北省为例，就有沧州的杂技、武术、舞龙、舞狮，石家庄的正定常山战鼓、井陉拉花，邢台的南和社火等项目。但是近年来，由于乡村人口的流动性加强，青壮年大多进城务工，留守的老弱病残在这些地方特色活动的传承和发扬中难当重任，许多地方的这些特色项目逐渐弱化。在乡村体育的开展中，可以充分利用这些传统特色内容的凝聚作用和感召作用，通过地方组织加以扩大化、规范化、常态化，在这些活动有效组织的同时，逐步推广篮球、乒乓球、羽毛球等参与度高的体育活动项目。因地制宜，形成适合地方体育活动发展的乡村体育项目群，撬动乡村居民的体育需求。

（四）优化配置体育资源

乡村中体育物质资源主要集中于本村的学校中，但随着适龄儿童数量的减少，许多地方的学校集零为整，几个村子的孩子集中到一个学校学习，原有的学校逐渐被废弃，但其中的体育场地和体育设施完全可以经过适当投入加以修葺，使其重新焕发运动魅力，整修、扩建后成为本村的体育健身中心，为村民的体育活动创造空间。此外，在人力资源的配置方面可以充分发挥乡村中党组织和共青团以及妇联的作用，把退伍军人、体育爱好者、返乡农民工组织起来，成立体育活动的先锋队，营造全民体育的良好氛围，带动全村居民进行体育活动。还可以走乡村体育和当地大学相结合的道路，同当地大学中的体育系建立长期稳固的联系，为体育专业的学生提供社会实践和教学实践的机会，传播体育文化，传授运动技能，弥补乡村地区体育人才的短缺。

四、以生态文明为契机的可发展途径

（一）乡村体育发展的策略

1. 促进农民增收

制约和束缚乡村体育发展的重要因素之一是乡村经济条件的好坏。良好的经济是乡村体育得到快速、繁荣发展重要必备的条件，缺一不可。广大农民群众的生存问题得到充分保障的条件下，才会有一定的可能性产生对更高层次文化娱乐的各种不相同的众多需求。因此，全面促进广大农民群众增收的同时，也让广大农民群众的物质生活水平得到全面的提升，是快速促进和推动乡村体育事业发展需要解决的第一个问题。

2. 宣传体育文化

随着时代的进步和科学技术的发展，现代大众媒体在此深入的影响下得到相应的普及，为体育运动的广泛宣传提供了极为重要的媒介，尤其是在乡村普及程度极高的电视等，在广泛宣传与正确指引、引导广大农民群众对体育价值、体育功能的深入了解与认识，在乡村大范围宣传与推广十分具有民间特色的体育项目，以及普及娱乐、健身的各种不相同类型的体育运动项目等多个方面有着非常重要的作用和意义。

乡村体育工作人员在工作的过程当中，对体育增强体质和促进身体健康的功能进行重点的广泛宣传，通过各种有趣的体育运动项目，增加和吸引农民群众对体育的兴趣。大部分农民虽然因为受到多个方面的制约和束缚，如经济收入、文化教育等，所以对体育的多种功能，如娱乐、健身等还没有充分的了解与正确的认识，但是追求身心的健康是所有城乡居民的共同愿望。县、乡镇体育管理部门在组织相关体育活动的时候要紧紧抓住农民对健康追求的重要心理，重点强调和宣传体育提高和促进体质、健康的重要功能，以便于进一步激发和调动广大农民群众参与体育活动的积极性和主动性，让广大农民群众对体育的兴趣得到大幅度的增加。

3. 着重开展民俗体育活动

众所周知，我国有很多传统的节日，这些传统节日不仅形式多样，内容也非常的丰富多彩，人们在节日期间休闲聚集，举办不同的活动来庆祝我国的众多传统节日。在我国大部分的传统节日处于农民的农闲时期，他们有更多的时间和精力准备不同的庆祝活动，尤其是秧歌、舞龙等作为比较民俗的体育活动，除了是欢庆活动中的重要组成部分之外，还在众多传统节日当中占有极其重要的地位，让传统节日的气氛和氛围更加浓郁和热烈。同时，传统节日是有效开展和宣传体育活动的最佳、最好时机。

在组织乡村体育比赛的时候需要进行全方位的综合考虑，充分按照当地的地域特征、人口等更加有针对性地选择体育运动项目，特别是一些集体项目或者比较小型的"农民运动会"，既能是村子和村子之间的比赛，也能是乡镇和乡镇之间的相互比赛。通过对体育比赛的一系列组织、管理以及广泛宣传等多个方面的工作，不断增加广大农民群众对体育的认识与了解，引起农民对体育的浓厚兴趣，充分调动和激发广大农民群众参与各项体育活动的主动性和积极性，以及让农民群众的文化生活变得更加丰富多彩。

（二）加强乡村体育场地设施的建设和管理

1. 体育场地建设资金投入多元化

体育公益性事业可以为乡村社会提供公共产品或者服务，因此政府应以投入为主，积极构建由多方投入的多元化投资体制的同时，也努力建立开放型的运作全新格局。在建设小型的群众性体育场地设施的过程当中，应该运用"三个一点"（国家拨一点、集体出一点、社会集一点）的重要方法，从而有效克服和解决国家投入资金不足的问题。

2. 开发体育场地功能

在体育工作计划以及学校教学秩序保证顺利实现的基础上，学校的相关体育场地资源能够向村民开放，和村民做大体育场地资源的共享，以便于进一步满足农民群众体育的强烈需求，从而使体育场地设施将更多的经济、社会效益充分发挥出来。除此之外，政府的行政部门也能够给予乡村体育场地设施建设一些法律支持与政策性的补贴，支持与鼓励学校向当地村民开放体育场地。

（三）发展乡村体育教育

1. 加大投入

政府在发展乡村体育教育的过程当中提高对乡村教育的投入力度，对乡村义务教育的主要责任进行转移，从农民逐渐向着政府转移。通过多种不同的方式建立健全多元化的基础教育办学模式，拓宽筹集教育基金的重要渠道，对学校基础教学的办学条件进行相应的改革与完善。通过对教育体系一系列的改革，逐渐形成城乡统一的教育体制，使农民的子女也可以接受和城市子女平等的教育权利。

2. 提高师资力量

中国共产党第十五次全国代表大会以来，我国大量的乡村民办教师通过一系列的培训以及相应的资格认定以后，重新走上教书育人的重要岗位，乡村师资力量和水平得到较大幅度的提升。同时，乡村学校的待遇不高、体育师资力量不足的现状依旧没有引起人们的重视和关注。因此，乡村学校体育发展的主要举措之一是在不断加强乡村体育教师队伍建设的同时，也让乡村体育教师的待遇得到相应的提升。

3. 加大管理力度

学校要对体育工作有足够的重视和关注，严格按照体育部门与教育部门制定的相关标准，进一步加强对乡村中小学体育场地与设施设备的建设工作，保证经费投入的力度，配备可以胜任专兼职的教育教师，并且配备充分的数量，不仅让体育课堂教学、体育竞赛以及课外活动的质量与数量得到有效的保证，还应该让学校体育场地相关设施设备的供给得到有效保证。

在世纪之交的重要时期，我国开始实施科教兴国战略，乡村学校的办学条件在此战略的深入影响下得到了很大的改善，虽然不管是硬件的建设还是软件的建设均发生了根本性的变化，但是乡村学校的体育场地设施条件与城市学校相比较依旧有着很大的差距，除了无法满足课外学生体育兴趣小组的开展外，还无法充分满足正常体育教学活动的多方面需求。全面推动和促进乡村学校体育发展的重要前提条件，是不断加强在体育场地方面的相关设施建设，同时让学校投入体育场地设施的重要供给得到一定的保证。学校可以开设比较常见的课程，如田径、球类等，还能够和当地乡村的特点结合在一起开设具有特色的体育项目，对民间体育课程资源进行深入的挖掘和充分的利用，将民间体育课程资源的优势和作用完全发挥出来，使乡村学校的体育教学得到不断的丰富，从而更好地继承我国民族传统体育，并将其进一步发扬光大。

第四章　生态文明背景下乡村体育文化建设实践

本章主要介绍生态文明背景下乡村体育文化建设实践，主要从三个方面进行了阐述，分别是生态文明背景下乡村学校体育与群众体育建设实践、生态文明背景下乡村体育公共产品供给实践及生态文明背景下乡村体育文化建设实践方法。

第一节　生态文明背景下乡村学校体育与群众体育建设实践

一、生态文明背景下乡村学校体育建设实践

（一）我国乡村学校体育建设实践现状

1. 体育教学重视程度存在的问题

乡村、城镇在城乡差别以及传统观念的深入影响下，对自家孩子参与的体育活动没有足够的重视和关注。随着教育事业的不断发展，教育格局也开始逐渐转型，在乡村中学当中，区域和区域之间生源的竞争以及择校读书的现象越来越激烈，教师与家长为了让学生可以考取更高一级的学校或者重点学校，不断加强学生在应考科目方面的训练和练习，更别说让学生参与体育活动，这样会占据在应考科目训练的时间。

新旧观念的影响在一定程度上给学校体育的正确决策、有效管理以及科学发

展带来了巨大的阻力，一方面对学校体育工作全新观念的进一步形成与快速发展有着极大的影响，另一方面也对学校体育教学的全方位改革产生了不小的影响。长此以往，逐渐出现其他课程占据体育课程的不良现象，最终导致体育教学逐渐成为考试科目的添加剂或者附属品，处于一种可有可无的尴尬境地，因此学校体育也很难将体育教学的功能与作用充分发挥出来。

2. *体育教学认识上的偏离*

目前，我国众多的乡村中学虽然在实践"一切为了学生，一切服务于学生"的重要教育观，对学生的全方位发展进行重点的关注，同时上级教育主管部门也在不断加强对中小学校教育教学的一系列科学、合理的评价，使教育教学的评价变得更加科学与全面，但实际上学校在学生巨大升学压力和外来因素的影响下，评价工作成绩好坏的一个主要手段或者标准依旧是学生的上线率和升学率。

除此之外，有些乡村中学将竞技体育和体育教学一概而论，没有对这两个方面进行有效区分，认为体育比赛成绩的好坏与学校体育教学成果的好坏是一种正比例的关系，在体育教学的过程当中不重视教学的质量，所以大部分学生的体育素质无法得到提高。也有一些学校领导认为学生能跑会跳代表拥有好的身体，或者学生的体育课程是蹦跳和玩乐，没有真正将学生的健康和体育联系在一起，也没有从快速、全方位提高全民素质的高度，深入正确地认识体育教学。

3. *体育教师的素质偏低*

当前，随着体育教育事业的不断深入，乡村中学体育教师的素质也逐渐得到提高，虽然从体育专业院校毕业的学校体育工作者占比增高，但是大部分的体育教师在实践能力方面以及理论水平方面均比较不高，同时忽视对身体的锻炼和学习新的知识，对专业知识不进行深入的钻研与学习，也忽视了对实际工作能力的培养与提升，导致乡村中学体育教师存在很多的问题，如不平衡、不规范等，并且也有一些乡村中学体育教师在开展体育教学的过程当中有着很大的随意性。

乡村中学体育教师在编写体育教案的时候没有按照规定来进行，编写不规范，体育教学的内容既不具体也不全面，并且实用性也不高，对快速提升体育课堂教学质量和效果有着非常直接的影响；在体育教学的过程中没有明确体育教学的大纲、教学材料以及各个年级各项体育教学的内容、目的等；对早操、课间操等非常规性体育训练活动的开展不积极和热心,采取敷衍了事的态度;部分体育教师在开展的体育课程上不穿运动服或者穿拖鞋,对自我形象不注重,德育教育也无法渗透体育教学中的各个活动当中,仅仅重视完成体育教学的相关任务,严重忽视了对学生在思想品德方面的教育。

(二)解决乡村学校体育教学问题的对策

1. 重视体育教学

在贯彻德、智、体全方位发展教育方针的时候,从乡村实际的发展情况出发,将学校体育教学改革作为重要的先导,对学校体育教学的观念进行持续的更新,严格遵循体育教学的相关规律,面向学校的所有学生,最大限度地增强学生的体质,让学生的健康水平得到大幅度的全面提升,一方面可以培养"四有"的社会主义公民,另一方面除了积极培养快速适应乡村建设的优秀人才外,还在一定程度上为上一级学校输送更多合格、优秀的新生奠定极为重要的基础。同时,不断加强体育价值在舆论方面的广泛宣传与推广,乡村体育教师彻底走出体育教学认识的误区,经过全面的综合考虑之后制定新的体育教学目标,树立的教育教学观念需要将素质教育作为重要的指导,另外也将体育教学纳入学校全面工作评价的条件,以便于有效克服和解决以升学率作为评价学校的不良现象或者倾向。对学校体育价值所具有的终身效益有一定的认识和了解,不一味地追求短期、个别的效果,把对学生的体质检测结果和学生自身的利益直接联系在一起。乡村学校对学生在体质方面的锻炼有足够的重视和关注,也要制定相应的政策给予一定的支持,将评选先进和"三好学生"的标准真正落实。

乡村体育教师在体育教学的过程当中要充分依托改革后的新课标,保证体育课程的正常、顺利运转。在组织和开展各种不相同形式体育活动的时候,应该依据不同的年龄和季节,在全方位综合考虑之后,有计划、有目的和有内容地按照一定的顺序组织;或者按照不同的地区和民族组织具有地方特色的体育活动,体育教师对体育教学的内容进行拓展,让学生在学习的过程中有新鲜感,从而最终帮助和促进学生树立终生参与体育活动的良好习惯。

2. 提高体育教师业务能力

体育教师在开展体育教学过程当中，积极传授学生体育基础和卫生保健方面的知识，以及教授学生在运动方面的重要技术和技能，让学生得到全方位的综合发展，是体育教师教学最基本的任务。体育教师作为体育教学重要的实施者与组织者，是快速、有效培养学生强健体魄的重要一线队伍，想要让学生的健康成长的需求得到充分保障，需要让体育教师的业务教学水平得到持续的提升。

体育教师在教学的过程中需要有极强的责任心，真正将新一轮的课程改革全面落实，深刻领会和感悟课程改革当中存在的重要精神。在体育教师开展具体教学的实践当中，让体育课程与教学可以充分激发和调动学生参与体育运动的主动性和积极性，让学生长时间保持对运动的强烈兴趣，从而使学生逐渐形成自我学习的关键能力，养成坚持体育锻炼的良好习惯，建立终身体育的重要意识。

体育教师在体育教学的时候要将健康的理念渗透其中，健康不意味着学生没有疾病与不虚弱，而是学生在多个方面达到十分完美的状态，如身心、适应社会等。在改革后全新的体育大纲当中对体育课做出了十分明确的规定，体育课是健康和体育课，同时作为学校体育课程深化改革以及将健康目标重点突出的一门课程，是全面实施素质教育的重要和关键途径，不可缺少、无可替代，所以体育教师在体育教学的时候应该始终坚持把健康理念贯穿于整体的体育教学当中。

3. 充分利用现有资源，改变教学方法与手段

首先，对乡村现有的体育教学资源进行充分利用，将其作用充分发挥出来。乡村中学体育教学的设施虽然存在严重不足的情况，但是排球、篮球等常规性的体育器材即便数量不多，也依旧能够使用。因此，乡村体育教师在开展体育教学的时候要对这些体育器材进行充分的利用，不断加强学生在技术方面的训练以及相关技能方面的一系列训练。

其次，乡村体育教师将完善人体全面发展作为重要原则。体育教师除了需要按照学生的生长发育规律之外，还应该和学生的身心发展特点相结合，严格遵循教学、教育的规律，通过合理、科学的教学方法与教学内容，让学生的身体得到正常的发育，也让学生的各项因素得到进一步的全方位发展和提升，如智力、特长等。

二、生态文明背景下乡村群众体育建设实践

（一）我国乡村群众体育建设实践现状

1. 乡村群众体育管理现状

随着经济全球化趋势的不断加深，经济和科学技术得到快速发展的同时，人们的生活水平也得到了较大的提高，越来越多的人开始青睐体育运动，体育事业得到了飞速发展，正式进入快车道。体育人口比例也在全面健身活动的广泛开展中不断地增长，尤其是我国在2008年成功举办的北京奥林匹克运动会，进一步激发和调动了国民对体育的广泛关注，得到国人的热爱，引起国人的兴趣，城乡居民参与体育健身活动的积极性、主动性和热情也更加高涨。

体育能提高人们的生活质量；体育能促进人际关系的和谐友好；体育能激发人们的竞争意识和创造精神；体育能展现区域的综合实力和文明面貌。近年来，围绕服务"新农村建设"，国家及地方政府相继出台了有利于体育事业发展的优惠政策，实施了一系列乡村体育建设工程，并投入了大量的扶持资金和体育器材，获得了前所未有的发展成果，体育基础设施建设得到了进一步完善，县、镇、村三级体育服务网络逐渐建立，群众性体育组织不断壮大，参加体育锻炼健身活动逐渐形成风尚，乡村体育健身活动更加丰富多彩，这为乡村体育事业实现跨越式发展奠定了较为坚实的基础。

2. 乡村群众体育管理存在的问题

在总结乡村群众体育发展成果的同时，我们也应该看到，虽然我国体育人口在不断增长，但由于受城乡差距、农民体育意识等因素影响，乡村体育事业的发展还存在很多问题，突出表现为体育管理体制不健全、乡村体育建设经费缺乏、乡村体育健身指导员匮乏、乡村体育资源匮乏、乡村体育法制建设落后等。

（1）管理体制不健全

乡村体育管理工作必须有健全的体育管理体制，但目前，乡村体育管理体制建设并没有得到应有的重视，县一级群众性的体育组织比较少，乡镇根本没有专门的体育机构和体育组织，大多在组织各种体育活动、比赛时，由乡镇文化站来负责，导致乡村体育活动缺乏有效的指导和监督。

（2）建设经费缺乏

广大乡村地区县、镇两级财政存在着实际的困难，致使对乡村体育的投入非常有限，使乡村体育建设长期滞后于地方经济的发展，从而导致乡村体育的缓慢发展；同时，由于乡村体育消费能力的薄弱和体育健身意识的落后，无法拓展筹资渠道，经费困难已成为乡村体育管理工作中最具普遍性的问题。

（3）健身指导员匮乏

乡村社会指导员作为乡村体育建设的重要骨干力量，不仅有效组织和指导广大农民群众进行科学、合理地健身，还积极传授农民群众相关的体育健身知识技能，从某种程度而言是我国新农村体育事业发展的重要组成部分，不可缺少。当前，在我国众多的乡村中非常突出的现象是缺少体育健身组织机构和社会体育指导员，近几年地方体育主管部门虽然开展和组织了不少与体育健身指导员相关的培训活动，但是仍旧无法充分满足广大农民群众逐渐增长的不同体育健身需求。

（4）资源匮乏

乡村体育发展的重要物质载体是体育资源，同时体育资源也是广大农民群众进行体育锻炼无可替代的必要条件。城市体育设施由国家拨款投资，而乡村则由县、乡财政负责，虽然近年来中央、省级财政针对部分乡村体育设施建设项目给予了适当的补助，但由于县、镇两级财政存在着较大的困难，使县、镇两级财政配套资金得不到落实，这在客观上造成了城乡居民享有体育资源的不均衡。

（5）法制建设落后

我国现行体育法是在我国的国情和历史基础上发展和建立起来的，近年来我国的体育法制建设虽然获得了长足的进步，取得了一定的成绩，但是随着体育事业的快速发展，体育改革的不断深化，体育法制的建设实际上已经相对落后了，这造成了乡村体育管理工作缺乏必要的政策和法规的保障，给乡村体育管理工作带来了极大的困难，甚至有的地区镇级乡村体育管理工作长期停滞不前。

（二）解决乡村群众体育建设问题的对策

1.健全管理体制

对决定我国全面建成小康社会与现代化进程的关键问题主要包括三个：一是

农业问题，二是农民问题，三是乡村问题。同时，这三个问题也是关系国家与党工作全局的重要根本性问题。因此，广泛开展乡村体育活动对于增强广大农民体质、提高农民的健康水平、丰富乡村业余文化生活有着重要作用。各级政府应从构建社会主义和谐社会的高度，充分认识加强乡村群众管理的重要性，把乡村体育事业纳入经济社会发展总体规划，纳入城乡建设规划，纳入政府任期考核目标，纳入文明城市、文明乡镇、文明村和文明单位评比考核体系；要加强政策引导和组织协调，对乡村体育管理服务体系进行不断的调整与完善，对体育事业发展中遇到的各种实际性问题进行切实有效的充分解决，真正做到为体育事业办实事和办好事。同时，在乡村体育建设的过程中着重加强乡村体育自护网格化的全面建设，使最终形成的社会化管理体制不仅由政府管理，还可以有效依托社会，以及全民参与和村民自治；成立乡镇、乡村体育协会，不断加大、加深对乡村体育骨干的培养力度，定期和长期开展、组织各种有趣、丰富多彩以及有利于广大农民群众身心的群众性体育活动。

2. 转变政府职能

政府相关职能部门既要从积极构建社会主义和谐社会的战略高度，也要从全面建成小康社会的战略高度，对新农村建设过程中的乡村体育工作的重要作用以及重要地位有充分的认识和了解，要切实转变职能，加强对乡村体育管理工作的统筹规划和协调指导，逐步建立行为规范、运转协调、公正透明、廉洁高效的体育行政管理体制和运行机制，逐步建立健全亲民、便民、利民的全民健身服务体系，以优化服务能力建设，提高乡村体育服务水平和服务质量；以深化执行力建设，保障乡村体育建设任务的顺利实施和圆满完成。要坚持从实际出发，以农民为主要对象，以乡镇为重点，面向基层，服务农民，对乡村体育管理采取"多予少取放活"的原则，向乡村提供更多的制度支持、财政支持和资源支持。

3. 加快设施建设

加快乡村体育事业发展，必须全面提升县、镇级体育设施建设标准，鼓励有条件的县、镇适当提高体育设施的建设标准和档次，逐步达到县有体育场馆、健身中心，镇有健身活动中心，村有体育活动场地的水平。实施乡村体育设施建设扶持政策，扶持乡村尤其是欠发达地区乡村的体育设施建设，对体育设施建设项目，在项目立项、土地供应等方面给予优先安排。

4.重视载体建设

乡村体育事业是农民群众的事业，广泛开展农民参与的体育活动，是乡村体育管理工作的重点。群众体育必须以活动为载体，通过体育活动来展示体育的活力；必须突出乡村群众主体，坚持面向群众、面向基层，以农民为主体，加强乡村体育载体建设，大力倡导"健康第一"和"每天锻炼一小时、健康生活一辈子"的理念；以提高农民生活质量为出发点，大力发展乡村体育事业；以提高农民素质和乡村文明程度为目标，提倡科学健身，完善成年人体质测试；以全民健身周、全民健身节为龙头，构建全民健身竞赛活动的主体，以活动带竞赛、以竞赛促活动，使其制度化、多样化。切实保障人民群众参加全民健身的权利和义务。重视打造特色体育品牌，挖掘地方文化底蕴，按照因地制宜、突出特色要求，通过规划引导、政策扶持、机制创新、活动推进，在县、镇创建有一定影响的全民健身品牌和传统体育品牌。大力实施社会体育项目发展计划，创建一批体育特色之乡，繁荣民间传统体育项目和特色体育项目。

第二节 生态文明背景下乡村体育公共产品供给实践

一、乡村体育公共产品的概念和特征

（一）概念

体育锻炼、体育设施等都属于体育公共产品的范畴。经过深入的研究之后本书比较认同以下概念，即体育公共产品主要指的是具有公共属性的体育物质条件与服务的总和，它不仅可以对社会产生相应的正外部效应，还有一定的非排他性与非竞争性，并且大部分由政府提供的乡村体育不管是在性质上还是在内容上，大多数均具有一定的公益性与公共性，所以基本能将乡村体育纳入体育公共产品的范畴当中，或者乡村体育的绝对主体是由公共产品构成的，并且此种表述从实际情况来看和乡村体育事业发展的现实意义和属性更加相符。学校体育、体育科研等均属于乡村体育公共产品的范畴。

(二) 分类与特征

乡村体育公共产品按照公共产品是否同时具有非竞争性与非排他性的分类方法可以分为两种，一是乡村纯体育公共产品，二是乡村准体育公共产品，其中乡村体育政策、乡村中小学体育教育等属于乡村纯体育公共产品的范畴。乡村体育场馆设施、社会体育指导员等属于乡村准体育公共产品的范畴。

除此之外，还可以按照乡村体育公共产品的来源、内容等不同的方面对乡村公共产品进行分类。

按照体育公共产品的来源分类，主要可以分成两种：一是乡村人工体育公共产品，二是乡村自然体育公共产品。

按照体育公共产品的服务对象或者用途分类，主要可以分成两种：一是强健类体育公共产品，主要是用来快速提高农业劳作的效率；二是娱乐类体育公共产品，这此类产品也是广大农民群众日常文化生活所必需的。

按照体育公共产品的服务范围分类，主要可以分成两种：一是大型乡村体育公共产品，此类产品能够充分满足跨省、跨行业的各种需要；二是乡村体育公共产品，主要用于满足省、市、县、乡相应范围的各种需要，或者进一步满足个别户共同需要的。

二、我国乡村体育公共产品供给制度实践阶段

(一) 开创与探索阶段

1949 年，中华人民共和国成立之后，通过广泛的调研与深入的研究最终有效确立了新民主主义体育的全新发展任务与方针，为国民开辟和开创了全新的体育。

中央人民政府体育委员会在 1952 年正式成立。这一时期团中央负责全国体育事业的相关组织与管理，县级以上各级团体组建军事体育部，体育工作主要由组建的军事体育部负责。职工体育工作由中华全国总工会负责和领导，对职工体育进行了大力的发展，并且在 1951 年在全国范围内推行第一套广播体操。一直到 1952 年，政府一共在全国投资建立了 5227 个体育场地，是 1945 年以前体育

场地数量的近2倍,从而为开创社会主义体育发展道路奠定了非常重要的基础。

我国的社会主义体育事业自1952年开始,新民主主义逐渐向社会主义转变,并且在此影响下开始逐渐走上社会主义的体育发展道路。政府在1952年11月正式成立了中央人民政府体育运动委员会,之后全国县级以上的政府先后成立体育运动委员会,并且最终形成政府体育行政体系、社会组织体系以及军队体育的社会体育组织管理的三大体系。

党中央在1954年提出的重要政治任务之一是最大程度地改善国民的健康状况,让国民的体质得到进一步的增强,因此颁布和实施《准备劳动与卫国体育制度》。国家体育委员会1956年颁布《基层体育协会示范章程》,并且首都北京召开了第一届"全国乡村体育工作会议",提出了全新的农村体育思路,即体育是为人民提供服务的,同时会议也要求需要在全国范围内快速建立县一级体育运动委员会,大范围开展和组织各种不同类型的乡村体育活动。随着一系列相关政策的颁布和实施,自此全国乡村等群众性体育活动开始逐渐兴盛起来,形成热潮。

(二)波浪式发展阶段

国家体育委员会于1958年分别在东北地区的辽宁北票以及华东地区的山东高唐召开了全国乡村体育工作现场会,想通过树立"红旗"标杆,在全国范围内掀起学运动、赶运动和超运动,广泛推广和宣传生产与乡村体育相结合的重要经验。之后由于经济困难,很多乡村地区停止了体育活动,甚至部分县还将体育运动委员会撤销。

乡村体育公共文化视野在这一时期,也随着政治、经济形势的变动产生一定的起伏和波动。1963年,国民经济开始逐渐恢复与发展,城乡社会体育也开始逐步恢复与发展,在对正反两方面经验全面总结的重要基础上,原国家体育委员会充分按照党中央和国务院提出的八字方针(调整、巩固、充实、提高),提出了适合我国当时国情的体育政策与体育方针。1964年,全国体育工作会议当中提出了坚持普及与全面提高相结合的重要原则,把主要精力放在开展和组织群众性体育活动上面,不断加强农民在业余方面的训练。乡村体育在这一阶段也开始逐渐恢复发展的势头。

（三）尝试阶段

国家在1978年实施的解放思想运动以及乡村全面改革，使得乡村生产力得到了快速解放，从某种程度而言有效活跃了农民群众的乡村经济文化生活，乡村体育事业在其影响下也开始逐渐走向正轨。1980年，在首都北京召开了全国体育工作会议，会议的主要内容是怎么样快速适应国民经济调整的时期以及我国参加奥林匹克运动会之后的全新形势，快速提升体育事业的发展，恢复体育事业的繁荣，让人民的运动技能和健康水平得到较大幅度的全面提升，快速培养一大批优秀的体育人才，从而让体育为四个现代化提供更多、更好的服务。此次会议对近30年的体育事业发展经验和教训进行全面系统性的有效总结，为20世纪80年代的体育改革奠定了非常重要和关键的思想基础。

在实事求是和解放思想的一系列重要理念的指导下，开始对快速促进乡村体育事业的全方位发展，以及进一步加强乡村体育公共产品供给进行多次调整和尝试。为了加快乡村体育的发展速度，国家体育委员会于1978年在华中地区湖北省顺利召开县体育工作调查会，并且在此调查总结的重要基础上起草了《做好县的体育工作的意见》，对各个县体育工作中的问题进行了有效明确，如工作方法、工作任务等。文化和旅游部、国家体育委员会以及共青团中央在1982年联合召开"全国乡村体育工作会议"，其中会议安排了新时期乡村体育工作方针、工作措施等。1986年正式成立中国农民体育协会，1988年在首都北京举行首届全国农民运动会，一方面标志着乡村体育事业迈入全新的发展阶段；另一方面也代表着乡村体育公共产品供给进入全新的社会化发展时期，不仅形成系统专门的独立组织机构，还有非常广泛的群众基础。政府虽然颁布和实施了一系列相关政策和制度来促进乡村体育事业的发展，但是乡村体育在公共基础设施方面仍旧很薄弱，乡村体育公共文化事业并没有太大的起色，除了极度缺少乡村体育公共产品供给之外，乡村体育公共产品系统规范的重要供给制度体系也没有建立。原因在于无论是乡村的经济社会发展水平，还是乡村整体的生产力均不高，同时随着改革开放政策的全面实施，乡村中青年劳动力为了获得更好的发展开始大量涌入城市，乡村体育工作人员在开展乡村体育公共活动的时候，既缺少有效的组织也缺少重要的骨干。

（四）里程碑式发展阶段

国务院在1995年颁布了《全民健身计划纲要》，并且此纲要的颁布成为乡村体育在内的大众体育共文化事业发展的里程碑。在此纲要的实施以来，各级政府以及相关部门将目标设定为积极构建亲民、便民和利民的体育服务体系，同时把重点放在全面建设、健全和开展群众身边的健身场地、体育组织和体育活动这一重要和关键环节。

《中华人民共和国体育法》于1995年第八届全国人民代表大会常务委员会第十五次会议通过，并且提出本级人民政府授权的机构，或者县级以上地方各级人民政府体育行政部门主管本行政区域内的体育工作。同时，县级以上各级人民政府除了把体育事业列入本级财政预算之外，也应该将体育基本建设资金纳入本级基本建设投资计划，并且随着国民经济的快速发展，不断增加对体育事业的投入比例。乡村应该将村民委员会和基层文化体育组织的重要作用充分发挥出来，有效开展和组织充分适合乡村特点的不同体育活动。

乡村体育社团组织在这一时期为乡村体育公共产品的供给起到了非常重要的支撑作用，开展和组织了各种不相同类型的评选活动，如"亿万农民健身活动""亿万农民健身活动先进乡镇"。我国的乡村体育公共产品供给制度从2002年开始逐渐进入一个全新的高度和阶段，并且发布的《中共中央国务院关于进一步加强和改进新时期体育工作的意见》中也提出要注重和强调城乡、区域体育两者的共同发展，同时进一步加大对乡村体育事业发展的支持和扶持力度。除此之外，积极制定乡村体育事业发展的相关政策与规划，并且对其进行相应的完善，紧紧抓住社会主义新农村建设的重要历史发展机遇，加大扶持的力度，快速推动和促进乡村体育场地设施的全面建设，是乡村体育等公共文化事业快速发展的迫切需要。

农业乡村部和国家体育总局联合下发了《乡村体育工作暂行规定》，对乡村体育工作多个方面进行了非常详细的说明和规定，如基本任务、组织管理等。国家体育总局为了进能够更加深入地实施《全民健身计划纲要》，推动和促进乡村体育工作更加广泛地开展，将"乡村体育年"确定为2004年群众过体育工作的主题，并且提出了全新的口号，即新体育、新农村、新生活。另外，在乡村积极开展和组织"体育二下乡"的活动，将体育场地设施、体育知识的全面科普以及体育健身的正确指导作为该活动的主要内容。

国家相关部委于2006年在新农村建设背景下联合提出启动"农民体育健身工程"，实际上这一工程是政府在全新时期快速推动和促进乡村体育公共产品供给制度的重大措施之一，在《中共中央国务院关于推进社会主义新农村建设的若干意见》当中提出，要充分按照生产发展、生活宽裕等相关要求积极构建乡村公共文化服务体系，以便于快速促进和推动实施农民体育的健身工程。积极发展体育运动的根本目的除了使全体国民的身体更加健康之外，还让更多的人参与体育活动，同时也是成为体育文化强国的重要标志和象征。与此同时，近几年的中央一号文件也提出要大力支持和扶持发展乡村体育事业。乡村文化娱乐、体制健康等和乡村体育事业的发展有着十分紧密的联系。广大农民群众体质的总体增强，也在一定程度上说明了无论是经济、教育的发展，还是文化和科技的发展，均有着十分坚实的重要基础。发展只有全面建立在体质健康与强健的重要基础上，乡村地区才可以达成建成小康社会与构建和谐社会的目标。因此，乡村体育事业变得越来越重要，成为快速提升广大农民群众生活质量以及促进和推动乡村精神文明建设的重要组成部分，在其中占有极为重要的地位，不可缺少，无可替代。

2009年，国务院令第560号《全民健身条例》（以下简称《条例》）发布，该令从2009年10月1日起正式施行。《条例》的公布实施，为快速促进和推动全民健身运动的全方位开展，以及进一步保障国民在全民健身运动当中的合法权益提供了非常重要的坚实法律保障。《条例》作为全民健身工作进入规范化和法治化的标志，是1949年以来首部专门针对全民健身以及大众体育的全国性立法，对我国未来体育事业的发展有着非常重要的作用和意义。《条例》的颁布和实施，一方面是在全面建成小康社会与积极构建社会主义和谐社会的大背景下，另一方面也是我国体育面向全新时期和任务，谋求新发展的重要阶段，将当代体育发展鲜明的时代特征充分展现出来，既有深远的影响又有重要的现实意义。

国务院办公厅在2010年发布《加快发展体育产业指导意见》，指出要不断加强对城乡公共体育设施的建设与有效管理，除了让设施运营能力得到相应的提高之外，也要通过多种途径将设施的综合利用率提高，以及充分满足群众各种不相同需求的重要作用充分发挥出来。综上所述，我国政府从 1995 年颁布了众多与全民健身相关的法律和法规，从各种不相同的角度对全面健身事业的多个方面做出了一系列的规定，如政府投入、学校体育等，同时在不同层次对全面健身工作提出了科学、合理的要求，相互渗透和相互补充，从实际意义上来看为我国乡村事业的快速发展发挥了极为重要的制度保障作用。其中，《全民健身条例》作为我国首部全民健身行政法规，是我国全民健身事业规范化和法治化的重要里程碑和标志，一方面是我国乡村地区全民健身事业科学、合理发展，以及快速建立广大农民群众健身长效化机制的重要和关键措施或举措，另一方面既能充分满足我国乡村群众健身的各种不同需求，又能全面促进和推动我国乡村体育事业协调、科学发展的重要保障。

三、推进我国乡村体育公共产品制度优化创新

（一）部门协作与管理制度创新

因为我国的乡村体育文化分别接受文化、体育、教育、财政等不同主管部门的管理，并且拥有多元性的文化特征，所以在实际工作中，与乡村体育有关的政策制定和实施比协调其他问题要困难许多。乡村体育属于公共产品的一种，在开展过程中容易受到不同部门之间的低效率协作的影响，甚至有可能发生"公地悲剧"的乱象。

所谓的公地悲剧，大致可以理解为"私人过度开发利用公共资源引发的负面效应"。这一理论最早是由英国学者加勒特·哈定（Garrit Hadin）于 1968 年在《科学》杂志上发表的一篇文章"The Tragedy of the Commons"（北京大学的张维迎教授将本文标题译成《公共地悲剧》，但此处的 the commons 不仅仅指公共的土地，还包括公共的水域、空间等）中提出的，所以也叫"哈定悲剧"。文章给出了这样一个比喻：一群牧民面对向他们开放的草地，每一个牧民都想多养一头牛，因为多养一头牛增加的收益大于其购养成本，是合算的，但是因平均草量下降，可

能使整个牧区的牛的单位收益下降。每个牧民都可能多增加一头牛，草地将可能被过度放牧，从而不能满足牛的食量，致使所有牧民的牛均饿死。这就是公共资源的悲剧。具体表现形式有无形资产流失和有形资产流失两种。体育资源的消耗显然属于后一种，公共运动场地、运动器材作为一种资源或财产，有许多拥有者，每一个居民都有使用权，但没有权利阻止其他人使用，从而使得体育资源被无节制地利用，最终过早损毁报废。之所以叫悲剧，是因为每个当事人都知道资源将由于过度使用而失效，但每个人对阻止事态的继续恶化都感到无能为力。而且都多少受到自私心态的影响，加剧事态的恶化程度。公共物品因产权难以界定而被竞争性地过度使用或侵占是必然的结果。

其实，在乡村体育的发展过程中，类似的情况已经出现了不止一次。所以相关负责人员更有必要建立和完善平衡、正规、具有足够约束力的监督机制，明确地划分不同部门和个体各自应当承担的责任与义务。此外，为了规范每个主体的行为，解决乡村体育建设中可能出现的各种问题，有关部门应当建立起正式的、有足够执行力的制度。在实际的制度实施过程中，按照由县到乡、由乡到村的三级顺序建立完整的权限管理制度，并由专门的监管人员负责实施和监督，期间做到管理到位、责任到人。比方说，县级体育部门需要亲自参与每一项正规的体育项目建设，并同实施对象签订协议书。之后，实施对象也应当按照文件的规定，严格地执行协议书指出的权利和义务，让建设的质量得到保障，在甲方约定的期限之内及时完成建设项目，此外，实施对象还需要肩负起维护和管理的责任，把所获得的援建资金、体育设备、体育器材等均纳入单位产权的管理范围，对这些资源严格地加以管控，确保资源的安全和完整，以防因为工作疏忽或其他因素造成国有资产的流失。村委会方面，管理人员要为体育场地和体育设施都配备专门的看护和保养人员，监管场地设施的安全和使用，为场地设施的卫生和保养状况提供保障，防止场地被侵占、设施被乱用、器材被损伤，定期实施场地设备的维护保养工作，维持良好完备的设备功能，确保使用者的运动安全。另外，有关部门还应当建立完善有效的公共资源监督机制，提升公共资源应用普及的透明度，在资金利用方面实施严明的监督与审计制度，确保每笔"专款"都能得到"专用"，让所有投入体育建设的资金、设施和器材落到实处，避免资源流失的情况发生，保障资产的完整和安全，并用明确合理的制度体系维护和管理社会面体育资源。

（二）公共产品供给制度创新

现阶段我国整体以及不同地区所拥有的社会资源和自然资源在资源类型、资源总量、开发利用情况等方面都存在着极大的差异，各地的经济发展也体现出明显的不均衡性，这反映了社会经济发展中不可忽视的区域空间性差异。在经济发展中，这种不均衡性可以被视作一种普遍规律，有一些专门研究发展经济学和区域经济发展规律的西方经济学家提出了一系列的非均衡发展理论，包括地理经济二元结构理论（Dualistic Structure Theory of Geographical Economics，大意为地理上的二元经济产生的原因在于各地区经济发展的差别性，主要是地区之间人均收入和工资水平差距）、循环积累因果原理（Cycle Accumulation Cause and Effect Law，核心观点是经济发展不仅仅是产出增长，应包括整个社会、经济、政治、文化、制度的发展，各种因素是互为联系，互为因果的。当一个因素发生变化，即所谓起始变化，就会影响另一些因素发生相应变化，发生第二级强化运动，再一次强化原来的因素，导致经济发展过程沿原来因素的发展方向发展，形成累积性循环）、区域经济梯度转移理论（Gradient Diversion of Regional Economy Theory，指一个国家的经济发展客观上存在梯度差异，高梯度地区通过不断创新并不断向外扩散求得发展，中、低梯度地区通过接受扩散或寻找机会跳跃发展并反梯度推移求得发展）以及增长极理论（Growth Pole Theory，该理论被认为是西方区域经济学中经济区域观念的基石，是不平衡发展论的依据之一。它认为一个国家要实现平衡发展只是一种理想，在现实中是不可能的，经济增长通常是从一个或数个"增长中心"逐渐向其他部门或地区传导。因此应选择特定的地理空间作为增长极，以带动经济发展）等。

我国国土横跨范围十分广泛，经纬度跨度很大，因此地理状况也相当复杂。乡村体育的开展在不同的环境中都会受到各种因素影响，如时间和具体项目等。但是，我国以往的体育管理制度很大程度上忽略了这一规律，没有根据区位环境、人口组成、时空特征等要素来制定与本地的地理条件相匹配的体育政策和经营模式。体育的发展往往会包含一定的事业性成分，而在一些经济发展情况较为落后、文化交流相对封闭的地区（比如我国中西部部分地区），这种成分的占比会更大，然而，因为这些地区的社会经济条件比较差，所以政府部门很难承担供给乡村体育资源、推动和管理体育事业可持续发展的责任与义务。这样一来，在经济落后地区，不仅应当充分保留原有的政府主导型体制，而且还要进一步强化和明确政府在体育事业中承担的责任。在其他经济发展状况更加先进、体育市场更加成熟的地区，因为体育拥有十分明显的产业性质和私人供给性质，社会化和产业化程度也更高，所以可逐渐建立以社会供给为主体的管理体制。根据非均衡理论的要求，有关部门应当调整和革新农村地区的体育政策与制度，使其更加符合本地环境的地理特性，这也要求各级地方政府以及相关部门从本地实际出发，构建和现实条件相符的体育政策与制度体系。

（三）构建多元化创新性筹资制度

在乡村体育公共产品供给流程中，各级政府应当充分发挥作用，承担主要的供给责任。但在这一前提下，我们同样应当认识到，基层政府的财力并不足够宽裕，仅凭借政府投入来进行体育基础建设是远远不足的。所以要想尽快让广大农民接触和利用足够多样的公共体育产品，就需要通过制度安排来建立和完善以政府为主、市场参与的多元化资源供给结构。但是这里还要再强调一点：上述制度的实施前提是不强制摊派任务、不给农民增加负担，以政府投入为主、以社会资源和参与为辅的乡村体育公共产品供给体质要自筹经费以补充经济条件，并基于自愿原则，引导农民不受外在压力地参工参劳，实现稳定、合理且高效的资金运作机制，最大程度地拓宽投资渠道，实现资源采集和管理的多元化。

第三节　生态文明背景下乡村体育文化建设实践方法

一、依靠群众、发动群众

在乡村公共服务事业中，乡村体育公共服务是一个基本的组成部分，发挥着相当重要的作用，从乡村体育公共服务的发展状况中，我们可以发现乡村经济面貌、社会成员体育参与以及弱势群体公共权益保障等社会发展和制度实施问题的方方面面；如果要满足人民群众日益增长的体育需求，就需要把乡村体育公共服务作为一个关键的着手点。

（一）当前湘西南地区乡村体育公共服务的发展困境

1. 区域非均衡性

湘西南地区位于江西、广西、湖北三地的交界处，此地古往今来乃是西下商贾和军旅的必经之处，固有"西部咽喉"的称谓。所以，在过去政权割据、军阀混战的时代，湘西南地区一直占有军事重点的地位，是一个兵家必争之地。该地区居民的民族主要为汉族，混杂居住着包括苗族、侗族、白族、土家族等在内的共17个少数民族，呈现出十分标准的"大杂居，小聚居"的民族特点。从2010年开始，为了促进区域经济快速平稳发展、缩小和消除地方贫富差距、实现产业结构的优化升级、开发整合区域资源、推动区域经济可持续性发展战略的全面实施，党和国家政府针对湘西南地区的特殊发展情况和地理特征，开展了"国家十二五规划暨武陵山区扶贫开发"的总部署战略。在此之后，湘西南地区的一系列经济产业和公共事业都迎来了前所未有的发展契机，乡村体育公共服务自然也包括在内。但是，湘西南地区原有的经济结构十分单一，主要经济收入来源皆是当地农民种植的传统农作物，工业和第三产业的发展关系严重失衡，经济面貌的落后使得本地大量的青壮年劳动力不得不外出打工，留在当地的多是老年人、儿童、妇女和残疾人，湘西南地区甚至给全国人都留下了"边""穷"的印象。不仅如此，湘西南的外出务工人员总数仍呈现逐年增长的趋势。如此一来，当地的基层文化因为有生力量的大量流失而极度缺乏建设的动力和活力。在漫长时间的推移中，许多原有的公共体育资源逐渐为大众所遗忘或改为他用，这使得本地区的乡村体育公共服务区域非均衡性矛盾越来越突出。另外，湘西南还存在着乡村公共服务产品供给结构纵向失衡的问题。供给产品的数量和服务质量都沿着从市到县、从县到乡（镇），再从乡到村的顺序，分别呈现出递减和下降的趋势，从此现象可知，相较前一个台阶，乡村体育公共服务必然远远落后。很多社会因素和自然因素都会影响区域公共服务，甚至最终导致失衡，但在这些因素中，最为明显和严重的还是权利重心的上移和过于薄弱的基层经济基础，两者都会极大地制约公共服务的平衡性发展。

2. 供需非对称性

事业主体和客体的积极主动、长效持久的配合是湘西南地区乡村体育公共文化服务良性发展建设的前提条件，这就意味着主体需求应当同客体供给之间建立起对称性的发展关系。近几年来，我国的经济高速发展，基础建设覆盖面越来越广、质量越来越优，全面健身服务体系在全国范围内逐渐推广开来，人们对于自身健康状况和日常体育健身质量的重视程度也越来越高，随之而来的自然是乡村体育公共服务的需求量快速攀升。但是，如前文所述，受到长时间的人口大量流失的影响，湘西南地区的许多村落都面临着人口资源严重不足的问题，留居在村落中的大部分是一些身体能力有限、受教育程度和文化意识不足的人，如老人、妇女和儿童等，因此乡村体育的群众基础也就愈发薄弱。长此以往，体育产业得不到文化推广，文化事业又缺少具体内容作为依托，形成了区域发展的恶性循环，在这样的背景下，农民的自我服务意识越发淡漠，政府的文化宣传支出和力度都远远不足。在逐渐稀薄的主体文化意识的影响下，村落文化建设会越来越缺少系统性的扶植和鼓励，当地居民作为体育服务和文化建设主体的观念严重不足，不能充分参与乡村公共文化服务体系建设的过程，客体文化的发展也会因此受到不可估量的打击，从而使得乡村体育公共文化服务逐渐失去自我造血功能，又无法从外界向内输血，最终导致乡村体育公共服务的主体需求和客体供给演变出非对称性相关的局面。

3. 资金来源单一性

不管是什么样的事业，其发展都必然以经济为基础，要求获得稳定充足的资金保障。乡村体育公共服务建设当然也要得到一定的资金投入，其顺利推进和长远发展的落脚点和基本条件皆在于资金投入的有力保障。乡村体育公共服务建设主要有公共财政资金和社会资金两个方面的资金来源：前者一般由政府主导，包括资金支持和方向指导两个方面，目前我国的乡村体育公共文化建设中最为主要的资金来源也正是公共财政资金，它可以说是乡村体育公共文化服务建设最重要的保障力量。公共财政资金的调拨和使用需要考虑经济社会的实际发展状况，遵循合理的比例投入乡村公共文化建设，有关部门还要制定相应的法律制度为公共财政资金的投入提供保障。后者一般包括企业捐助、家庭及个人捐赠、各类非营利组织捐献的资金等。除了上述因素，湘西南地区还受到区域经济发展特征的极大制约，与其他区域之间存在着非常明显的经济发展差距，本地的青年群体又大规模外出务工，综合因素的影响使得许多属于传统节日项目的体育文化逐渐地规模缩减，乃至趋于消亡。不但如此，有些地方领导在不合理的政绩观念的影响下，刻意缩减对乡村体育公共文化服务建设的投入，部分地区建设的资金来源又严重依赖政府的投入和扶持，因此其资金来源渠道十分狭隘，缺乏多面性和广泛性。

（二）湘西南地区乡村体育公共服务的优化研究

1. 统筹城乡二元经济发展

当下，经济问题可谓乡村公共文化服务体系建设中需要解决的最大难题之一。受到现行的财政管理制度和政府政绩观等因素的影响，能够真正投入乡村文化建设的资金总量并不充裕，甚至应该说极其有限。不仅如此，乡村公共文化服务体系建设在宏观调控方面也需要解决许多棘手的问题。要想化解这些困难，有关部门应从法律制度的角度入手，及时处理各种财政方面的问题，比如财政投入不到位、调拨的资金被随便挤占和挪用等。此外还应当广泛开展宣传工作，促使全体社会成员积极参与乡村公共文化建设事业，贡献个人的力量，并注意充分利用公共财政资金的强化功能，整合应用各种措施。乡村公共文化服务体系建设如果失去了经济发展这一坚实后盾，就会失去长远持续前进的经济支持。所以，有关部门在改善乡村公共文化建设的现状时，不仅要着力解决眼下各种不合理的财政体制乱象，还要投入更多关注和力量以解决乡村经济的长效发展问题，从源头上为文化建设化解资金支持短缺的问题。

2. 加强基层文化建设

一个国家所拥有的实力的内涵并不仅仅局限于物质层面的经济力量、军事力量等，还包括文化思想领域的"软实力"，而且此概念本质上在国家实力中占据着最深层面的意义。因此，乡村体育文化建设作为国家软实力建设的重要组成部分，也应当由地方政府纳入本地的政绩考核体系。地方领导必须改变原先一味注重和扶持经济建设而不顾文化建设的错误观念，也不能只看重城市文化建设项目而不关注乡村的文化发展，仅考虑文化服务的硬件建设而不在软件建设上投入成本和精力。要解决这些问题，上级有关部门首先应当在文化宣传上加大投入力度，尽可能让文化主体的多样性需求得到满足，推动公共产品产业的发展，不断提升服务质量，增强村干部在文化建设事业上的自觉意识，将文化建设的重心和首要任务放在整体提升农民群众的文化素质水平上，通过改善群众的文化素质面貌来推动文化服务体系建设的更进一步发展。

3. 完善相关法律机制及服务体系

乡村体育公共文化服务建设在相关的法律条文出台和完善方面还比较落后，而法律建设的滞后又引发了其他各种乡村体育公共文化服务体系发展的问题。要想有效化解体育公共文化发展过程中的不利人为因素和形式主义等弊端，相关立法部门一定要从实际情况出发，及时建立和完善基础性的法律规章制度，并为每一条制度条文的执行推出明确的规定，方便执法部门有法可依、严把规章，将法律制度由理想和书面落实到现实生活当中。

湘西南地区乡村体育公共服务还要面对另一个十分突出的问题，也就是在传统习俗的逐渐淡漠和本地人口的严重流失影响下快速流失的乡村体育文化遗产，如果不出台相关的保护措施并即刻全面执行，当地的文化遗产就面临着在十余年之后完全消失的危机。为了避免此情况的出现，当地主管部门有必要对处在消亡危机中的文化遗产加大保护力度，结合乡村文化建设的大背景和详细的客观条件考虑和解决，逐步实现文化遗产留存保护和经济发展的和谐统一。目前正在开展的乡村体育公共文化服务体系建设过程中还存在许多弊端，如文化活动的形式不考虑乡村的实际特点、文化服务的内容和模式无法真正满足农民群众的需要等。另外，单一刻板的乡村公共文化服务内容也是一个在文化建设实践中十分现实且常见的问题，为了实现今后公共文化的长足发展，在产业发展的过程中，这些弊端都需要得到有效的解决。为此，政府机构必须构建和完善更加富有活力的体制机制，并尊重农民群众的意愿和乡村实际，鼓励农民群众积极地参与公共文化服务，为其生产和发展建言献策，为农民群众提供与乡村实情相符合的、充分满足农民群众期待的公共文化产品。

二、多种形式创新农村体育文化管理

（一）建设背景

在新农村建设提出之后，体育文化的发展获得了更为权威和科学的理论作为发展依据。中共中央、国务院在《关于推进社会主义新农村建设的若干意见》中指出："推动实施农民体育健身工程积极开展多种形式的群众喜闻乐见、寓教于乐的文体活动，保护和发展有地方和民族特色的优秀传统文化，创新农村文化生活的载体和手段，引导文化工作者深入乡村，满足农民群众多层次、多方面的精神文化需求。"[①]根据文件精神，现阶段应着力于改善广大农民群众的身体健康状况和身体素质水平，大力推进开展全民健身运动，强化乡村体育建设力度，促进乡村体育的发展步伐，构建更加完善和合理的全民健身体系。

"十一五"期间，党和国家提出并实施了"农民体育健身工程"，这是我国政府在新农村建设中集中力量广泛开展的又一项重大举措，在我国传统的体育文化当中增加了更多的现代化文明要素。2007年，我国政府共调用9500万元资金，在包括陕西、山东、河南、江西、湖北、重庆、广西、浙江在内的8个省和直辖市中挑选了共2500个行政村开展试点工作，深入推进乡村体育场地与设施建设。农民体育健身工程实施之后，供农民群体表达个人诉求的公共体育物品需求表达机制在我国的广大乡村领域逐渐建立起来，并在农民体育行业形成了一种"村民自主管理、自我提升、内部服务"的基层群众性自治组织，该组织形式目前已经切实地成为代表和维护村民利益的长效机制。

农民体育运动的推行应当遵循因地制宜原则。所提供的体育设施应当既符合乡村本地条件，又顺应农民的实际需要，这样一来才能在未来让我国的亿万农民都享受舒适开展体育锻炼的优质运动场所，谨守让全体国民都充分接受现代化建设发展成果与优势的发展理念，在群众中不断地普及"全民体育""快乐体育"

---

① 本书编写组组.《中共中央 国务院关于推进社会主义新农村建设的若干意见》干部读本[M].北京：中国农业出版社，2006.

等观念，让运动健身的思维深入人心，在充实的思想基础之上使乡村体育文化建设融入新潮的现代化流行文化元素。

（二）发展意义

在革新和发展传统的乡村体育观念的历程中，体育文化建设发挥着十分重要的作用。我国农村居民因为长期以来受到历史沿袭的漫长的封建社会固有的保守观念的影响，许多人仍有"重文轻武"的思想，将各种体育项目视为"不务正业"。在我国的乡村地区，淡视价值观念至今仍然根深蒂固，很难在短时间内彻底消除或转变。另外，地理因素和交通因素也会影响农村居民的思想观念。许多农村坐落在偏远之地，不但经济条件不佳，还因为地势封闭坎坷、交通闭塞原始而不能与其他周边地区保持频繁的交流，所以当地农民就难以接收外来的新思想，养成了保守刻板的思维习惯和性格取向，价值观非常僵化古板，落后于时代的变化。还有些农民认为自己长年累月在田间地头进行劳作，身体素质足够优秀，所以不必再进行体育锻炼，把"健康"这一观念与"不生疾病""身体强壮"画上了等号。类似的思想不仅在农村非常常见，在城市中也有一定的影响范围，这对农民形成科学的体育观和健康观产生了极大的影响。体育文化在现代社会中已经成为一个十分重要的构成因素，于每个社会成员的日常生活中产生着潜移默化的影响和改变作用。体育文化能够以其独有的方式对社会建设发挥推动作用，在无意识之间悄然改变着农民群体的思维方式和处事价值观。农民在享受现代体育文化建设各方面的成果时，可以更加充分和深入地认识体育在现代社会的经济文化建设中体现的功能与价值，针对体育运动重新建立一种更加符合时代发展趋势的、有适用性且科学准确的社会性认识。

（三）发展策略

将以人为本的观念作为指导，着力打造"和谐乡村"的体育文化氛围。我们在现阶段应当把目光集中在广大人民群众的体育文化需要上，致力于全面提升人们在体育文化方面的思想觉悟和精神动力。把进行各类乡村体育文化项目的出发点和着重点集中在指导满足农民的多方面需求这一层次，从根本上不断改变乡村居民的体育观念，提升其道德修养和体育科学文化水平，从而创造促进农民全面发展的优势性条件。乡村体育文化建设唯有在充分体现乡村特色的前提下才能制定符合实际、可行性强的乡村体育文化建设规划。不仅如此，有法可依、有章可循的乡村体育文化管理也需要建立在乡村体育文化的法制化与科学化发展的基础之上，从而进一步推动和谐乡村体育文化的塑造，为社会主义新农村建设事业贡献更多力量。

乡村体育文化通过现代媒体实现的发展具有十分鲜明的多样性。乡村体育具有民族性突出、多样性充实、互动性优秀、普及范围宽泛的特点。在如今的信息时代，计算机技术正以惊人的速度、广度和深度渗透着人们的日常生活与工作。而乡村体育文化的发展当然也能够充分利用信息技术的优势，汲取技术上的支持，构建完整的乡村体育文化网络体系。要实现这一目的，相关工作人员可以依托网络和其他各类信息媒介，并有效发挥新闻媒体——如电视或报纸等的宣传作用，广泛普及体育健身活动的价值和意义，让农民逐渐树立起自觉、自愿、积极、热情地参与体育健身的意识。充分连接各种各样的体育文化形式，构建严密充实的体育文化网络，对农民群体给予充分的体育学科教育，培养农民的体育健康新理念，让体育健身及其相关理念在潜移默化中融入人们的日常生活，逐渐发展为一种自发性质的活动。

三、贯彻生态文明理念

在出席华东七省市党委主要负责同志座谈会时，习近平总书记明确指出，协调发展、绿色发展不仅是一种国家建设理念，更应当成为落到实处的举措，获得相关政策的有力支持，充分落实在现实建设当中。我们可以从这一观念中获得科学处理经济社会发展同生态环境保护之间关系的重要启示，坚持把守作为生产底线的发展和生态两个原则，遵循生态文明观念的指引，不断建设经济技术和社会效益并重前进的绿色发展之路。

坚持绿色发展之路意味着要将高效循环利用的资源和处于严格保护之下的生态环境作为经济社会建设的根本基础，让各大城市逐渐构建资源节约型、环境保护型的空间格局、产业结构，让人们的生产和生活方式越来越符合环境友好的理念。

绿水青山不仅是一种自然财富，更是另一种意义上的社会财富和经济财富。对生态环境的爱护就是对可利用生产力的维护，生态环境质量的提高必然或直接或长远地促进生产力的发展。所以要真正走可持续发展的道路，必须坚持以绿水青山为重点竞争力，对作为重要生产力要素的生态环境予以更多重视，才能实现可持续发展。坚决不以破坏环境平衡为代价争取一时的经济收益，坚决不重蹈"先污染后治理"的旧辙，坚决不让后辈人的利益牺牲成为实现当代人的富足的代价，必须顺应尊重自然、协同自然、保护自然的法则，坚持生态文明先行理念，走绿色发展的道路，在生产生活中逐步走向人与自然的和谐统一。我们应当争取用最有限的资源环境代价争取最充足的经济效益，既要从经济发展的角度进行"加法"，又要从环境破坏和资源能量消耗的角度进行"减法"。

在全社会范围内普及、夯实和深化生态文明理念。大力培养生态和谐文化，树立人们的生态观念道德，让生态文明与社会主义核心价值观充分结合，在全社会奠定主流价值观的思想地位。在生态文明理念的感召之下，人们会更加深入地认识、体会和感悟生命与自然及二者之间的关系，学会尊重自然的无限和生命的珍贵，在心灵深处深深烙印生态文明价值观，把环境友好、生态建设、绿色发展、低碳生活等理念内化为人民群体的核心诉求，从上到下联动，联合社会各界的力量，组建并推进生态文明的全新动力，让全体社会公民在社会生活的每一个方面都无时无刻不践行绿色发展、生态友好的崇高风尚。

大力提倡和普及绿色生活方式。使绿色低碳、节俭朴素、健康文明的生活方式与消费观念更加深入人心，通过日常生活中的每一个点滴细节来践行环境保护理念和绿色生活模式。全方位开展"绿色生活"行动，号召全体公民反对和限制社会各界形式不一的浪费行为，如形式主义、奢侈铺张、不理智消费等。在日常生活方面，要有序引导消费者摒弃以往的不理智风气，尽量采买节能低碳的绿色产品，鼓励和推广绿色低碳出行，让更多人了解绿色生活和休闲方式的价值与具体模式，通过这一系列努力，让每一个社会成员都能投入绿色发展、绿色消费和绿色生活方式之中，形成自发自觉的环保行为习惯。

将休闲文明放在突出地位，是人类认识世界的重大突破。城市发展的最终目的是有利于广大市民的身心健康。现在城市发展定位、作用等都要围绕有利于市民的身心健康和个各方面的发展，这也是城市定位最主要的功能。

生态水平决定人们的生活质量，生态美与人文美的有机统一是非常重要的结合点，是社会和谐的基础，生态休闲体育与绿色城市建设相互联系、相互作用、相互促成。

生态建设呼唤绿色体育回归。体育源于人们的三生，即生存、生产、生活的实践；来自三民，即民族、民间、民俗；发展于三有，即有利于人们的身心健康、有利于人与自然的协调发展、有利于人类社会的文明进步。大众创造了体育，大众要共享体育，把体育分为了很多种，有很多的含义。体育三生、三民、三有的关系，最终目标是创造环保节能环境友好型社会。没有普及就没有提高，人们把体验性、娱乐性看作关注体育很重要的方面，因此不断从过去的观看到现在的参与转型。

我们相信生态休闲健身会成为绿色 GDP 新的增长点。轮滑、自行车、滑板既是健身项目，也是绿色出行工具。健身和出行结合起来，是生态和休闲一个非常重要的方面。

大众健身的社会效益、经济效益推动社会文明进步。我们国家已经进入老龄社会。对老龄人口来说，第一有时间，第二有地方，第三有条件。因此健身休闲的发展空间很大，其服务业的潜力也很巨大。

有一句话说，世上最不重要的是可量化的东西，最重要的是不可量化的东西，将休闲文明放在突出地位的生态体育，就是这样的概念。

（一）转变经济增长模式

1. 提高创新能力

应当自始至终顺应"两创"总战略，促进打造全新的区域创新体系，让企业发挥主体作用、政府发挥导向作用、市场发挥导向作用，实现生产、学术和科研三方面的有机结合。在人才的引入和产业的投资上加大力度，创造鼓励革新的发展环境，通过科技创新手段提升能源资源的应用效率，凭借科技创新最终达到节省资源和保护环境的绿色发展目标，以增强科技创新的形式为生态文明建设提供更长远深入的驱动力。在这方面，台州市发挥了标杆性的榜样作用：该市的主要举措包括积极建构各种支持平台,全力打造台州(上海)科技园,促进"异地借脑"工程的开展,开设专门的扶植资金,在全市范围内推进自主创新工作的进步。

2. 发展循环经济

发展循环经济的核心要义在于一切事务的出发点和着眼点集中于当前的实际条件,从现实出发,合理地规划产业流程和产业布局。此处仍以台州为例,该市相关部门根据不同分区地理环境和生态条件的不同,将产业分布划分为西北部山区、中东部地区和沿海地区三部分。其中西北部因为山地丘陵分布较为密集,所以主要开展生态农业和生态观光旅游项目,在整个台州市中,西北部山地发挥着为全市涵养清洁水源和提供天然绿色屏障的作用;中东部地区适宜开展生态城镇建设、打造生态型经济发展区,树立并完善先进的制造业基地;沿海地区的经济实力和科技手段比较先进,有条件构造规格更高的循环工业园区,比如化工材料、医药基地和金属再生园区等。目前,这三大区域的建设都在如火如荼地开展中,其中一些局部区域已经投入使用并发挥功效。不仅如此,台州市在分区规划经济产业的同时,还在全社会范围内积极提倡节能减排、空余场地、保护水资源和材料资源综合利用活动等,大力扶持资源再生等环境友好型企业。

3. 优化产业布局

受到历史沿袭等因素的影响,我国各地区的主要产业往往集中分布于江河沿岸和干道周边等区域,由此逐渐产生了企业属地同居民住地混杂、地方的功能定位不清晰、发展方向模糊等现象。所以,现阶段有关部门有必要就四类主体功能区概念更加合理地划分不同区域定位,逐渐实现项目的优化、重点和限制开发,必要时还应禁止开发某些高危和高污染项目,在明确各区块的效能和定位时,应把发展目标作为关键导向,充分结合本地的实际条件。再以台州市产业规划为例来说明,该市就不合理的产业布局现象在城区内专门制订并开展了"退二进三"计划(为了加快经济结构调整,鼓励一些产品没有市场,或者濒于破产的中小型国有企业从第二产业中退出来,从事第三产业。值得一提的是,这一措施自20世纪90年代起就已经出现了),另外,台州市还将功能定位、产业空间布局等一系列现实因素纳入了编制沿海产业带总体规划的考量范围之中。

（二）完善制度创新体系

1. 建立健全激励政策

（1）及时调整价格政策，让现有的价格形成机制建立充分反映资源分配合理程度和环境治理成本方面的问题。不但如此，污染治理成本也应当成为产品价格的参考和确定依据之一。

（2）制定合理的税收政策。要积极鼓励在环境友好和生态保护方面做出突出贡献和标杆作用的企业（具体内容包括实施清洁生产、发展循环经济、控制环境污染等），可适当给予其税收减免等待遇。在此之外，还应加快完善生态补偿机制，在财政转移支付的整体开销中增加生态补偿的占比。

（3）充分结合市场机制，如实施和推广排污权交易制度、碳汇交易等。

排污权交易制度起源于美国。美国经济学家戴尔斯于1968年最先提出了排污权交易的理论，并首先被美国国家环保局（EPA）用于大气污染源及河流污染源管理。面对二氧化硫污染日益严重的现实，美国联邦环保局（EPA）为解决通过新建企业发展经济与环保之间的矛盾，在实现《清洁空气法》所规定的空气质量目标时提出了排污权交易的设想，引入了"排放减少信用"这一概念，并围绕"排放减少信用"这一概念从1977年开始先后制定了一系列政策法规，允许不同工厂之间转让和交换排污削减量，这也为企业针对如何进行费用最小的污染削减提供了新的选择。它指的是在一定区域内，在污染物排放总量不超过允许排放量的前提下，内部各污染源之间通过货币交换的方式相互调剂排污量，从而达到减少排污量、保护环境的目的。该制度作为以市场为基础的经济制度安排，它对企业的经济激励在于排污权的卖出方由于超量减排而使排污权剩余，之后通过出售剩余排污权获得经济回报，这实质是市场对企业环保行为的补偿。

碳汇交易是指发达国家出钱向发展中国家购买碳排放指标，这是通过市场机制实现森林生态价值补偿的一种有效途径。这种交易是一些国家通过减少排放或者吸收二氧化碳，将多余的碳排放指标转卖给需要的国家，以抵消这些国家的减排任务，并非真正把空气打包运到国外。类似的机制都可为我国在开展生态文明建设的同时确保经济效益不受过分影响提供启示和借鉴意义。

2. 重视生态指标运用

引导本地的各级领导干部更加充分且深入地认识发展同人口、资源、环境等基本要素之间的辩证关系，强调政府工作者和普通民众一同提升保护生态结构、提升环境质量、建设生态文明的自觉性和积极性。在各级党委、政府和领导干部的政绩考核体系中加入生态文明建设这一绩效成分。

3. 完善生态监管体系

各级人大、政协、民主党派、人民团体等都应当在全面推进生态文明建设的过程中充分发挥自身的重要作用，承担应尽的生态责任。有关部门应进一步完善法律监督体系和民主监督制度，为人民群众在生态文明建设中发挥公民的知情权、参与权和监督权提供更为有力而全面的保障，把环境质量公告制度落到实处，为大众提供充足的环境保护工作参与条件，定期面向社会公示城市空气质量、噪音、饮用水水源、水质以及生态平衡现状评价等环境指标的检测结果。假如制定或接手的发展规划和建设项目等涉及公众环境权益，就需要事先充分采集和借鉴群众意见，充分发挥民主恳谈、民主听证、民主讨论等形式的作用，让大众公开、自由、充分地表达自身的利益诉求和现实需要，完善并落实社会监督制度，参考合理的群众诉求订正和出台政府决策，让政府的做法更加符合民意并顺应生态建设的指标，引导广大群众在协同生态文明建设开展的过程中充分激发参与和投入的热情。

（三）倡导生态文化理念

1. 区域人文精神

人文精神对于一个地区乃至国家的文化来说是一个产生着重要影响力的因素，特别是区域文化，它在许多方面都依赖于所属地区的人文精神而发展，如果没有壮大深厚的人文精神作为文化底蕴，区域文化甚至是广义文化都会失去大量创造精神和认知能力。生态文化也属于文化的范畴，自然与人文精神密不可分。这里我们仍用前文多次提到的台州市为范例，本事的传统文化以"和合文化"为主题，蕴含着久远而深刻的"天人和谐"理念，在该理念的影响下，当地居民天然拥有一种朴实的自然保护思想，环保理念在台州可谓由来已久，且深入人心。

而台州市政府在开展生态城市建设之初就将本地这一独特的人文精神的传承和利用纳入考虑范围，是环境保护工作建设中的重点之一。所以，多年以来，台州的城市建设自始至终贯彻和发扬着"和合文化"这一精神实质。举例说明，该市在市区建设的问题上，主要遵循"体现中心城市组合式形态"和"彰显城市绿地的生态优势"的指导思想，通过"反规划"理论来规划和引领城市建设，尽量避免大拆大建的项目，基于原有生态环境的结构开展城市群构建工程。

2. 多元互动

生态文明建设不是政府单方面的事，应该是全社会共同参与的事业，其主体应该是多元的。因此，要利用各种载体，比如组织"环境日""地球日"等群众性活动，提高群众环保意识。同时，建设一批生态文化基础设施和自然保护区、森林公园等，让群众切实感受到自然的可贵。此外，要加大创建生态县（市、区）、乡镇、村（居）力度，让企业、村居、普通群众均参与其中。

3. 更新宣传理念

当前，我们的宣传基本上停留在说教层面，起到的效果十分有限，有时甚至会起到反作用。因此，生态文明建设的宣传一定要克服说教，要坚持贴近大众的实际、贴近大众的利益、贴近大众的生活。台州黄岩长潭水库库区保护就有正反两方面的例子：在库区保护初期，政府主要以说教性宣传为主，当地居民不以为然，甚至存在抵触情绪。近几年，通过生态农业、生态旅游业的开发，当地农民得到了收益，享受到了生态环境带来的好处，就自觉地接受了生态保护相关理念。

第五章　生态文明背景下乡村体育文化发展情况与体制改革研究

本章主要介绍生态文明背景下乡村体育文化发展情况与体制改革研究，主要从两个方面进行了阐述，分别是中国乡村生态体育文化发展情况及乡村生态体育文化体制的改革路径。

第一节　中国乡村生态体育文化发展情况

一、乡村生态体育文化的现行生存环境

（一）新农村生态背景下体育文化的功能

1. 满足农民精神文化需要

"十五"期间，政府出台了一系列惠农政策和改革举措，农民的收入持续稳定增长，农民消费增长出现积极变化，生活质量得到明显改善。乡村家庭财产普遍增多，吃穿住行用水平明显提高。改革开放前，长期困扰我们的短缺经济状况已经从根本上得到改变。根据心理学家的需求层次理论，当较低层次的需要得到满足后，人们就会追求较高层次的精神需要，随着我国社会主义新农村建设的不断推进，物质生活水平逐渐提高，农民群众求知、求乐、求美的愿望更加强烈，追求文明健康生活方式的愿望更加强烈，追求良好人际关系和社会风气的愿望更加强烈。而农民体育作为乡村文化的一个活力要素和重要构件，无疑能够满足广

大农民群众多层次、多方面的精神文化需求。

2. 培育社会主义新农民

《中华人民共和国国民经济和社会发展第十一个五年规划纲要》在"建设社会主义新农村"部分中提出要"加快乡村教育、技能培训和文化事业，培养造就有文化、懂技术、会经营的新型农民"。农民是新农村建设的核心力量和内在动力，建设新农村，必须培育新农民。乡村体育活动的开展，可以使广大农民潜移默化地受到体育自身蕴涵的竞争意识和拼搏精神的熏陶，有利于培养其自尊、自信、自强不息的人格魅力，塑造一种不卑不亢、不屈不挠、不断进取的心理品质，促进广大农民积极健康地适应社会。在建设社会主义新农村中大力发展乡村体育，既有利于促进广大农民的身心健康，也为造就新农民提供了健康文明的文化环境。

3. 凝聚力量

文化具有认同性，文化的凝聚力来自文化认同中的相同的思维模式、相同的道德规范、相同的价值观念和相同的语言与风俗习惯所产生的巨大认同、抗异力量。体育运动提供给人们一种特殊的社会互动场所，使互不相识的人之间有了共同的话题。乡村体育的凝聚力和号召力都比较强，而且体育还可以与乡村文化事业的发展结合起来，对于建设社会主义新农村有着良好的推进作用。

（二）生态体育和生态乡村

生态乡村是指在生态化发展的背景下，在新农村城镇化、城乡一体化发展过程中，针对乡村发展过程中出现的种种不协调问题，应用社会—经济—自然复合生态系统原理、生态经济学、生态建筑学、产业生态学、社会生态学的理论与方法，按照"生态优化"的发展战略思想，来指导新农村经济和社会发展，从产业发展、人居环境、社会文明等方面，因地制宜地进行全面生态化建设，使农村建设成为村庄布局合理，人口规模适中，人居环境宜人，各产业协调发展，人与自然及人与人之间和谐共生，社会经济生态之间协调、可持续发展，既具传统乡村特色，又体现现代文明的新农村，是新农村未来的发展模式。

生态体育，就是指体育、文化和生态环境的相互协调、相互关怀、共生共融、共同发展所构建的关系或联系的体育活动，即通过在自然—社会生态环境中开展的体育运动,来展示人类的健康体格和人格,体现人类在体育运动中对自然—社会这一生态环境的关怀和人道主义精神,倡导健康、文明、和谐的生活方式,从而达到维护世界的和谐与发展。

"生态体育"是多样化的。"生态体育"不仅是群众健身、全民运动,也是民生体育。生态体育反映的是人、体育、环境三者之间的和谐统一的关系。生态体育从某种角度来说就是一种"绿色产品",从它的产生、推广到被社会承认以及对社会发挥出绿色效应,是一个复杂系统的过程,整个体育生态链处在动态平衡的状态。生态体育的内涵表明了生态体育中的"生态"不只是单纯的生物学话语中简单的"生态"语意,生态体育的体系语境应理解为以哲理的思维方式和整体动态的语意来表述生态体育深层而宽广的状况。

生态体育最突出的特征就是自然,它亲近自然、贴近自然,按照人体自然的生物发育规律来选择和改造我们以前传统的身体活动方式。

生态体育提供绚丽多彩的运动方式,长期、系统、科学的锻炼,能够使人对环境的适应能力、生存能力得到提高,不同年龄段、不同职业、不同种族有不同的适应能力。人类在创造文明的同时,也带来了始料不及的副产品,如大气污染、温室效应、能源危机等。

生态体育是自然与科学凝聚而成的伟大力量,由于环境、条件、时间、空间等各种因素的限制,人们很多时候只能选择在城市里面、室内、体育馆内进行体育锻炼。虽然室内运动也能锻炼身体,活动筋骨,舒缓生活、工作带来的压力,但是运动的强度可能有一部分达不到我们的要求,而且由于很多场馆都存在着管理和设施的不完善,特别是许多场馆内通风系统不足,导致空气污染,长期在室内场馆内运动,反而对健康有害。

二、乡村生态体育文化的运行现状

(一)乡村生态体育文化发展制约因素

1. 体育活动过度竞技化、商业化

随着体育全球化的到来,现代竞技体育和商业体育得到了迅猛发展,特别是各种大型体育赛事的举办，使体育的竞技性和商业性特点日益显著，并出现了过度竞技化和商业化的体育发展趋势。

体育发展的最初目的是增强体质、陶冶情操、升华精神等，以促进社会的和平与进步，但是由于竞技化和商业化性质的体育在全球范围内的强化发展，使体育价值观念发生了扭曲。现代体育发展也出现了体育资源过度浪费、体育腐败、滥用违禁药物等诸多与体育发展的最初目的相背离的发展模式。这些因素虽然与单纯的自然生态环境没有必然的联系，但通过人的媒介作用严重破坏了体育社会环境的生态平衡，打破了体育—人—生态之间的和谐统一关系。由此可见，现代商业体育和竞技体育的给体育的发展带来了诸多不和谐的因素，严重阻碍了生态体育的发展。

2. 立法与管理不健全

生态安全问题是当前国际环境保护领域的重大课题，关乎人类安全和国家战略的实施。然而，一个不容回避的现实是随着人类经济活动的深入，生态环境形势日趋严峻，经济发展与生态保护的矛盾不断加剧。据了解，全国有近4亿人口的耕地和家园正受到不同程度的荒漠化威胁。加快生态立法进程，实现人与自然和谐，成为当务之急。

目前，我国虽然出台了一些有关环境保护方面的法规，但是生态建设和保护的法律法规仍然不够健全，一些生态环境保护领域还存在着立法空白；对生态系统的综合规划管理，特别是区域和流域的综合规划管理仍然缺乏有效的法律制度措施；对一些不合理的开发利用行为还缺乏刚性的法律约束；对生态建设和保护的综合协调和管理能力尚待进一步提高。

3. 活动内容欠缺

生态体育建设的目标是强化社区体育作为人类生存和发展基地的作用，加强社区体育的自我组织及自我调控能力，合理有效地利用物质能源与信息，提高生活质量的环境水准，充分适应社会体育再发展的需要，最终从自然生态和社会心理两方面，去创造一种能充分融合技术和自然的人类体育生活最优环境的人类居住地。它为全民健身计划的正常运行提供了有力的保障，是全面建成小康社会与构建和谐社会的重要内容。城市、社区体育的可持续发展，确立了"人、社区、体育、自然"和谐发展的生态社区体育新理念。目前我国的生态体育项目较少，氛围不浓厚，缺乏专业的指导站和指导员。

不管未来的体育模式如何变化，体育永远是人类生存和发展不变的主题。生态体育最突出的特征就是自然，亲近自然、贴近自然，按照人体自然的生物发育的规律来选择和改造我们以前传统的身体活动的方式。生态体育提供绚丽多彩的运动方式，长期、系统、科学的锻炼，能够使人对环境的适应能力、生存能力得到提高，不同的年龄阶段、不同职业、不同种族有不同的适应能力。人类社会文明程度越高，人们越是关注自身的生存环境质量，关注自身的健康如何开发自身的生态潜力，返还生物本性，将是人类追求纯真与自然的美好愿望，也是生态体育研究的中心课题。

（二）乡村特色生态体育文化建设的建议

1. 树立生态体育价值观

人类的"健康危机"问题，就其认识论根源而言，是因为大部分人尚未树立适应社会发展、变革的新观念、新知识。建构生态体育的发展模式，首先要从树立观念入手，特别是树立社会公众的价值观念，有助于在全社会形成良好的生态环境氛围，使人们在潜移默化中受到建设生态体育的影响，从而强化人们的参与意识，自觉地加入建构生态体育发展模式的行列当中。由此，建设生态体育必须通过网络、电视、报纸、学校教育、社会教育等各种渠道和形式，加大对生态文明的宣传和教育，普及和强化人们的生态意识，使生态教育与终身体育、全民教育融为一体，引导人们树立生态体育价值观，实现体育的健康可持续发展。

2. 加强生态立法与管理

建立适合于城市、社区生态体育发展的规范和法规体系。建立相关的生态体育的管理方法，如生态体育管理条例，生态体育资源管理办法，并加强政府的监管、评估、检查。此外，还可以在各地活动场所布置醒目、人性化的警示牌和标语，增强人们的生态体育意识。

3. 加强生态体育活动体系建设

有计划地开展生态体育活动周、竞赛、表演等。扶持示范点，评选先进，推广经验，成立社区体育活动的指导咨询中心，构建社会化的群众体育网络。组织居民参加生态体育的环境建设和社区体育活动。例如，利用节假日去郊游、登山及水上运动等。还可以选择太极拳、健美操、交谊舞等需要场地、器材不多的项目进行锻炼。

三、乡村生态体育文化发展的条件

（一）相应机制的完善

1. 利益共享机制

共享是和谐社会发展的重要所在，生态文明乡村的发展要具有利益共享的理念，生态文明背景下乡村体育只是美丽乡村建设的一个方面，其发展必须在乡村利益共享发展中求得。只有在利益共享的理念下建立利益共享机制才能使美丽乡村建设得到长足的发展。

目前我国乡村体育的发展缺乏利益共享机制，利益共享的实现需要制度的制约才能实现，乡村建设对于利益共享没有建立起完善的机制，也没有相应的约束机制。在生态文明乡村建设中体育事业的发展与其他事业的共生发展度较低，受我国经济制度的影响，政府部门人员的分工不同，体育事业的发展还处于较为单一的模式，相应机制的完善势在必行。

2. 信息共享机制

当今的社会是信息化社会，在我国社会生活中无不体现着信息的重要性。信息在一定程度上引领着人们生活的方向。发挥我国现有的信息网络，对于引导乡村生活风尚具有重要的作用。通过信息平台宣传体育活动，让乡村群众了解体育的功能和作用，进而参与体育活动，亲身感受体育活动给他们带来的乐趣。

当今的乡村居民对体育有着较多的了解渠道，例如电视、网络、报纸等途径。但是从整体来看，这种信息传输没有反馈机制，更谈不上反馈后的调节活动。政府如何利用现有的信息平台发布体育信息，传播体育理念，引领乡村居民进行体育活动就显得特别重要。建立乡村体育信息平台，建立信息发布机制、反馈机制、调节机制，这对美丽乡村的发展显得尤为重要。

3. 争议处理机制

在生态文明乡村的建设中，受条件和资源的限制，各项事业的发展也存在内部的矛盾。在体育事业与其他事业产生矛盾冲突时建立争议处理机制显得非常重要。

目前，在乡村建设的发展中，争议处理多表现为政府包办，或者村民自决，如何建立美丽乡村体育发展的争议处理机制，这是一个需要我们认真思考的问题。

（二）美丽乡村体育发展的硬件设施

为配合国家新农村的建设，2006年国家体育总局宣布在全国范围内启动"农民体育健身工程"从2006年开始，乡村体育获得了较大的投入。从现实来看，虽然乡村体育总投入较多，但是人均数据仍然相对不足。为此，国家在全国部分行政村实施农民体育健身工程计划。从近几年乡村体育的发展历程来看，乡村体育的发展在"农民体育健身工程"的基础上具备了一定的条件。

在城乡一体化进程中，二元化的体制管理还在起着作用，以乡村为单位的体育服务机制在我国还没有完善的建立，政府建成的一些乡村体育设施重初建轻维护，这导致乡村体育设施无法被充分地利用，如何建立维持乡村体育场地设施的管理机制，这是摆在我们面前的一个重要问题。

第二节 乡村生态体育文化体制的改革路径

一、乡村生态体育文化体制改革路径探索

（一）我国体育体制及改革历程回顾

1. 体制形成

从法理上看，1949年《中国人民政治协商会议共同纲领》中的"提倡国民体育"堪称我国体育事业创立的最初法律依据。但政府主导的体育行政体系的建立要稍晚些，缘起于1952年奥运会后中国体育代表团对苏联的考察建议。从1953

年到1956年，先后组建了田径、乒乓球等项目的国家队，大量单项运动协会创立起来，在全国建立青少年业余体校，竞技体育的训赛制度不断出台，竞技体育专业化已初见端倪。此外，乡村体育等体育事业的组成部分也快速发展起来。

随后不久，中国体育相继经历了两个动荡时期。1961年，根据党中央提出的"八字方针"，体育界开始认识并调整自身战略，进行了缩短战线、保证重点的调整，以高度集中为特征的体育体制日益强化，"三从一大""国内练兵，一致对外"等体育行业原则正式确立。1966年到1976年期间，体育事业也受到严重破坏，专业运动队被解散，国际性竞赛被取消，体育行政组织系统全面瘫痪，唯一例外的是群众体育得到了"畸形"发展，特别是在乡村地区。

2. 改革试水

1979年国际奥委会通过了著名的"名古屋决议"，恢复了中国在国际奥委会的合法地位，备战奥运成为当时一项最为急迫的任务。于是，开始恢复"一条龙"训练体制，在国家层面常设国家队，调整全运会周期与项目设置，全面与奥运会接轨，"奥运战略"成为中国竞技体育腾飞的制度保障。

20世纪80年代，在洛杉矶奥运会15枚金牌优异成绩的鼓舞下，为了更好地发展体育事业，分别由中共中央和（原）国家体委颁布了《中共中央关于进一步发展体育运动的通知》(1984)、《国家体委关于体育体制改革的决定（草案）》(1986)，对当时面临的问题进行了深入思考。"三十多年的实践证明，我国现行的体育领导体制是基本可行的"，问题则主要是"过分集中于体委系统办体育，没有放手发动全社会来办"。基于这种认识，当时改革聚焦于进一步完善现行体制，首要任务是抓好体育社会化这一环节。克服体育过分集中于国家办的弊端，放手发展全社会办体育。强调除体委系统以外，政府其他部门、社会体育组织均要发挥作用，来促进政府体育职能的转化。但由于当时我国计划经济体制改革尚未根本触动，因而"体育社会化"的改革目标难以真正实现。

进入20世纪90年代，改革开放的新高潮促使体育界重新思考如何在体制外寻求发展的道路。1992年"红山口会议"首次明确了中国足球改革的方向，足球成为中国最早与市场结合的运动项目，体育产业为体育体制改革注入了与以往不同的内容。但这样一种具有质变性的改革必然会有阻力，在体育上肩负国际赛事上夺金的巨大压力下，人们对改革的风险和代价表现出犹豫和怀疑。但同此前的改革相比，已有极大的进步，选择足球作为当时体育领域改革的突破口，就较好地说明了这一问题。

3. 全面深化

2008年以来，建设体育强国成为新时期党和国家赋予体育事业的奋斗目标。党的第十八届三中全会以"全面深化改革"为主要议题，为体育体制改革明确了新的内容，公共体育服务成为推动体育事业发展的重要抓手。国家先后颁布了《全民健身条例》《全民健身计划（2011—2015年）》，设立"全民健身日"，并推出了体育公园、体育健身广场、全民健身活动中心、户外营地、社区运动场、健身步道等新形式的体育公共服务产品。同时，对竞技体育也做了相应变革。另外，体育产业也迎来了新的发展机遇期，2010年印发的《国务院办公厅关于加快发展体育产业的指导意见》成为体育产业发展的纲领性文件。在国家"十二五"规划中，也明确提出"全面发展体育事业和体育产业"的目标。

（二）当前我国体育体制改革的现实需求

中国体育最容易被人与"为国争光""民族精神"等联系在一起，体育事业被赋予了极高的国家使命，成为展示综合国力和民族精神的重要平台。在这一逻辑下，所有公共资源的投入和使用都是理所当然的，竞技体育也自然成了体育体制的核心。在一份1954年的文件中可以追寻到最早的源头，"改善人民的健康状况，增强人民体质，是党的一项重要政治任务。不仅如此，体育运动还是培养人民勇敢、坚毅、集体主义精神和向劳动人民进行共产主义教育的重要手段之一"。

中国在改革开放几十年中发生了巨大的变化，体育事业也取得了许多成绩，但仍然难以回避的问题是社会对体育事业的认可程度与实际需求不完全一致，体育领域中各组成部分发展不均衡，竞技体育与全民健身的失衡问题极为突出。在这背后隐藏的主要矛盾是体育事业发展成果能否实现公平的问题。实现公平与效率的协调发展既是社会主义市场经济建设的要求，也是体育体制改革的一个重要导向。如果民众自身的体育基本需求继续被忽视，那么再多的金牌都无法抚慰社

第五章 生态文明背景下乡村体育文化发展情况与体制改革研究

会对体育公共服务空缺的失望情绪。换言之，在改革开放之初，竞技体育足以成为体育体制存在的基石，人们对体育的需求尚且可以用金牌来得到满足，那么在今天，竞技体育与大众体育的关系恰恰应该倒置过来，即政府首先要做好大众体育这一部分，构建起公共体育服务体系，然后才是如何发展竞技体育的问题。

（三）新时期我国体育体制改革的路径选择

1. 管理体制

"市场在资源配置中起决定性作用"是十八届三中全会提出的一个重大理论观点，为我国体育体制改革的发展指引了方向。在这一进程中，政府体育行政部门需要克服自身的管理惯性，改变体育领域中所执着的"发展路径、管理方式"，明确政府行为的范围，理顺核心服务职能，形成基于公共服务理念下的"体育权力清单"，在市场经济体制深入改革的今天，我国体育事业发展已经驶向了一个新的起点，"体育权力清单"应该对政府掌控下各类体育资源的配置起到更为规范的调控作用。具体来看，各类具有公益性质的公共体育服务是这一清单的当然组成内容，应该得到政府体育行政部门的更多关注，并通过自身的发展和完善，为竞技体育和体育产业的发展提供支持。而现有竞技体育"举国体制"中的优质资产部分也应纳入"体育权力清单"，中国体育事业多年来积淀形成的优秀经验应得到尊重和发展。

2. 竞赛体制

以全运会为核心的竞赛制度，是传统体育体制的重要组成部分，也是目前极易引起争论的焦点。无论是 20 世纪 90 年代清华跳水队的无奈，还是 2014 年全国政协双周协商座谈会上姚明委员对赛事审批制度的痛陈，都表明一个问题，即由政府体育行政部门掌控的赛事资源无法形成良性的运行环境，这样的竞赛体制是无法迎合现代体育发展需要的。将赛事审批权、举办权牢牢控制在政府体育行政部门的手中，只会导致奥运奖牌、全运会奖牌绑架国家和地方两级财政对其投入，带来的势必是急功近利地攫取奖牌。虽然目前已经将经营性、高危险性项目和部分在华举办国际体育赛事的审批权做了较为积极的调整，但现在所采取的"计划报批，分类审批"方法仍然与取消赛事审批权有一定距离。竞赛体制改革就是要逐步取消赛事审批权,以此唤醒市场投资主体对各类商业赛事、友谊赛的热情,真正从市场需求的角度出发,由市场投资主体开发出更符合市场消费需求、更为丰富多彩的体育赛事活动。

3. 人才培养

半个多世纪的征程走过,我国体育既创造了竞技体育的辉煌,也由于自身的因循守旧而备受责难。通过前面的论述,不难发现这样一个基本事实,即我国体育的成功极大地得益于现行体育体制对竞技体育的支撑,而我们的人才培养也是围绕竞技体育展开的。时至今日,无论是高水平竞技体育人才的培养,还是竞技体育后备人才培养,都面临着"进口"和"出口"的难题,特别是三大球的现状,从另一个角度证明在人才培养方面的严重不足。而这一切的改变都取决于体育系统能否敞开心胸办体育,实现人才培养主体的多元化,让体育成为健全人格的实现途径,而不仅仅是为了培养获取金牌的"机器"。只有这样,社会组织、市场力量和家庭才更愿意、更有热情地投入到体育人才培养的过程里面来。

二、乡村生态体育文化运行模式革新构建

(一)认识文化先导力

文化先导力与经济相辅相成,却可以先于经济实践。在社会主义事业建设的实践当中,在以经济建设为中心的政策引导下,我国的经济建设取得了很大的成就,但是,文化建设往往会陷入可有可无的尴尬境地。在文化建设中体育文化更是处于弱势地位。人们对体育文化所产生的先导力认识不足。不可否认,根据马克思理论,经济基础决定上层建筑,文化受经济的制约,但同时,也不可否认文化对经济也具有先导性。在社会主义新农村建设中,通过开展农民体育活动,能极大地提高农民的参与意识、主人翁意识、公平意识和竞争意识;能够抵制赌博、封建迷信活动,形成健康文明的生活方式,从而形成强大的文化先导力,引领乡村社会和谐发展。

(二)构建文化平衡力

由于历史的原因,我国社会长期处在城乡分割的二元结构当中,即乡村一个

体系，城市一个体系。城乡二元结构导致城市和乡村在政治、经济、文化、教育、卫生等领域产生差异，同时，城乡二元结构也是导致城乡体育发展不平衡的根源。新农村建设为乡村体育的发展提供了现实机遇与绝好条件。

纵观一些工业化国家发展的历程，其在工业化初始阶段均存在农业支持工业、为工业提供积累的普遍性趋向；但在工业化达到相当程度以后，工业反哺农业、城市支持乡村，实现工业与农业、城市与乡村协调发展更是一种普遍性的趋向。因此应毫不犹豫地抓住这难得的机遇，落实中央关于新农村建设的文件精神，统筹城乡体育发展，大力发展乡村体育，不断缩小城市与乡村体育发展的差距，要建立城市体育反哺乡村体育的机制，促进城乡体育和谐互动，不断构建城乡体育的平衡力。

（三）生成文化潜移力

按字义来讲，"潜移"二字，即隐藏在水下暗暗的移动。在文化演进的过程中，文化每时每刻每分每秒都在潜移着、流动着、变迁着。因此，我们在新农村体育文化的建设之中，就要培育文化的潜移力。具体表现如下：

第一，要着重培养乡村中主管体育领导、文体工作者、体育教师、体育社会指导员、农民中的体育骨干、乡村知识分子，使其成为乡村体育的主体力量，在乡村体育文化中起到示范作用。

第二，要充分发挥学校体育在乡村体育文化建设中的积极作用。开展丰富多彩、形式多样的学校体育活动，培育学生对体育活动的积极性，使学生成为在家庭中开展体育活动的活力要素，同时做好乡村学校体育场地设施向村民开放的工作，完善有关政策措施，逐步探索出既能保证学校正常教学秩序，又能为广大农民健身提供便利场地设施的新模式。

三、生态文明背景下乡村民俗体育文化的开发

（一）增强农民体育意识

在持续加大乡村体育设施投入的同时，我国也高度重视针对体育事业的宣传力度，多方位、多角度、深层次地改变农民的传统体育观念，通过多种渠道向农

民普及现代体育科学和健身理念，使其更加详细地了解体育健身在个人生活和社会建设中发挥的重要作用，改变农民群体原有的"劳动就是健身"的局限性观点。

必须借助各种大众传播媒介手段来宣传、介绍民俗体育活动的文化价值特性，充分利用现代电子音像科学技术进行宣传，对大众的体育生活方式做出科学的引导，使民俗体育在群众体育中深入人心。

充分利用返乡农民工，宣传他们在城市接收到的体育文化，影响留守人群的健身热情。政府应加大管理职能，加强社会体育指导员的培训，为民俗体育的科学传承提供人力资源的保障。政府不仅要把体育设施送到乡村，更重要的是把体育文化送到乡村，发挥乡村文化大院的功能，使之成为乡村体育文化传播的站点，吸引更多的人群从事体育健身事业。

（二）弘扬现有民俗体育文化

对于民俗体育的发展来说，乡村环境可谓良好的滋养土壤。在我国的许多乡村地区，当地居民都保留着根基深厚的传统理念，十分重视中国的传统节日，保留了大量的节日习俗，在很大程度上为民俗体育的发展创造了机遇，应该充分挖掘乡村的民俗体育项目，在条件成熟的情况下结合地区民俗文化特征，举办地方的体育文化节，弘扬和发展地方的民俗体育项目，使民俗体育与体育经济的开发、旅游事业的发展以及地区的经济特点相结合。作为民俗文化的一种，民俗体育是一种有待挖掘的文化资源。建设社会体育指导员队伍，把挖掘乡村民俗项目作为一项重要工作来进行，组织农民进行民俗体育活动。

（三）立足实际发展产业化

乡村体育在开展过程中并不能仅将内容和项目固定在现代体育范围，还需要从当地实际和传统习惯出发，在推行民俗体育时充分考虑乡村的本地特点。乡村的文化氛围比较特殊，与其他环境存在较大的差异，所以不能简单粗暴地采用一致的手段和标准。推动民俗体育的产业化发展不仅是为乡村地区创造各种经济利益的重要举措，还能够为世界体育文化注入新的创意与活力，有效地遏制同质化演变趋势，同时维系民俗体育的多样化发展。

随着经济的增长和普通人旅游观念的变化，民俗文化旅游逐渐发展壮大，并在整体旅游经济产业中成为一个十分重要的组成部分,这其中的主要原因在于民俗文化旅游能够极大地满足游客追求新鲜和猎奇、享受满足求知心态过程的精神需求,目前,各地旅游相关的企业都在该旅游模式的行为和开发中投入了大量的努力和成本。民俗旅游属于文化旅游的范畴,和其他旅游形式比起来,有更高的需求层次。如果民俗体育能够在合理观念的指导下逐渐走上产业化发展的道路,则它的开发和保护都能获得更为充裕的资金支持,并在发展过程中为农民带来更加丰厚的经济收益,推动新农村建设的开展。维系和结合本地富有特色体育文化是民俗体育文化建构的基础,在此前提下走合理有序的开发程序,坚持可持续发展的道路,才能实现充足的经济效益与广泛的社会效益并举,长久地推进各地乡村的建设和发展。

四、生态文明背景下乡村体育发展的新理念和新路径

(一)以人为本,和谐发展

1. 农民是社会小康的根本

农民生活水平的改善不仅局限于物质这一层面,更在于精神文化生活的质量,生活水平的改善必然伴随着精神面貌的革新。从这一角度来说,农民群体在国家的兴亡和发展中占据着基础群体的地位,是小康社会的根本支撑。

2. 农民强则国家强

从本质上来讲,农民群体就是我们在日常生活中经常提到的"乡村人口",在广大乡村生活劳动的男女老少都属于这一群体。就其现状来分析,该人群中虽然存在目前已经不再从事农业生产劳动的老人,以及尚不明确未来会加入什么职业的少年儿童,但农民群体在当下仍然体现出不可分割的整体性。在这些农村居民当中,个体成员的身体健康程度直接决定着乡村人口家庭的生活质量,起到首要和决定性的作用。在任何时代背景下,健康的身体状况对人类来说都是所有活动的物质基础,生活质量的提升自然也离不开身体素质的优化。一个人如果失去了健康的体魄,那么不但会使得他的劳动生产能力和物质生活质量受到严重的负面影响,同时也会严重挫伤他的精神生活质量。反过来,如果农民群体的体质健康能

够获得最基本的保障，那就能够为民族的振兴和国家的利益提供更加有力的保障。

3. 乡村体育不可或缺

在中国社会中，农民群体扮演着主要成员的角色。在我国的全部国土面积中，乡村占比达到70%以上，所以乡村体育的发展状况当然不可分离在国家体育整体发展面貌之外，必须把农民作为体育发展结果考核的主要对象之一，并且农民体育运动的开展情况优劣与否应当成为衡量国家体育事业建设的一个重要标准。我们完全有理由认为，农民体育运动的普及和发展程度对于国家体育运动建设成就来说是一个十分突出的标志。因此，基于社会主义新农村建设全面开展的现状，必须为从根本上改善乡村体育发展的落后面目投入更多精力和成本，为不同人群的体育活动提供场地条件和器材服务，让乡村体育运动的全面推广获得更加坚实的物质基础，帮助全体农村居民享受惠民性健身服务。

（二）合理布局，全面发展

1. 按地域布局

地域布局的内涵包括充分结合不同地域的经济条件、村落交通、人口数量、分布密度、文化习俗等现实因素。最为简易和基础的体育设施应当在每个村落都充分普及，而另外一些有较高要求的场地和器材的配置应当遵循前瞻性原则，从实际情况出发，先在部分条件允许的地区适量配备，在该前提下，让有参与愿望的乡镇居民可较为方便地参与自己所习惯和喜爱的体育运动，频次在每周3次左右。这里提到的前瞻性原则指的是在充分考虑实际条件的基础上对布局进行更加长远的规划，充分彰显其因地制宜的特性。

2. 按民族特点布局

作为一个标准的多民族国家，许多在我国生息发展的少数民族都拥有本族独具特色、样式繁多的民族传统体育运动项目，各少数民族的成员在体育建设领域除了参加一些公共性质的大众化运动项目之外，还会通过本民族独有的体育形式来开展休闲娱乐活动。所以针对新农村体育设施的相关建设，参与人员不仅要考虑大众性质的运动项目，还需要特别考虑到具有民族特色的运动项目，提供符合民族特色项目要求的运动场地和必要体育运动器材。在上述举措的实施之下，民族传统体育运动会随着全民健身运动的开展而不断兴盛壮大，在未来中华体育运动的大发展中绽放独有的魅力和光彩。

3. 按经济发展水平布局

任何事业的发展都离不开经济条件的支持，体育事业自然也不例外，它必须将充分发展的经济作为前提和基础条件。在乡村体育事业的发展过程中，"无钱寸步难行"同样是一个十分现实的道理。就目前的实际情况而言，先进地区和落后地区、富裕村镇和贫困村镇之间的不平衡经济形式在新农村建设中不仅存在，而且十分普遍，所以在评价和处理不同地区的同一事物时，不能自始至终采取同一个尺度而不调整，这样无法得到客观的评价结果，也不能取得理想的成效，而乡村体育的发展遵从此理。所以我们认为，要以长远规划的眼光来看待和处理运动项目、场地、器械等因素的布局建构，充分结合地区经济的整体实力来安排布局，也就是要符合规划面面俱到、兼顾全体方面的要求；发展的先后顺序顺应实际条件，遵从先易后难、先局部后整体的规律安排，层层递进、逐步发展，打造科学化的布局，不能仅凭一时热情蜂拥而上，半途而废，戛然而止，否则不仅会造成人力、物力和财力资源的严重浪费，还会给大众的积极性造成严重打击，带来一系列负面影响。

（三）借助外力，协同发展

1. 借助学校发展

应当全面认识并充分发挥学校在乡村体育工作中的"龙头"和"基地"地位。如今，在我国的大部分行政村，小学教育都已经得到了充分的普及，而对于教育事业的建设来说，九年制义务教育可谓最为基本的发展路径，所以在校园内全方位完善、增补和优化体育运动设施的配备是一项理所当然且十分必要的任务。在这一前提条件下，乡村体育运动事业将迎来一个十分充分的发展机遇，如果安排合理，则相关参与人员不仅能遵循相互补充的模式，凭借有限的土地资源来有效建设和拓展运动场地，而且还能够分享已掌握的全部体育设备和器材，这些事情都能够在足够的运动时间之内得到实现。通过相互的交叉利用使二者协同发展，随后进行更为细致的规划设计，充分高效地应用经济资源，适当扩大发展规模。

以此联结学校体育和乡村体育，使农民体育在技术等方面得到学校体育的指导和多方面支撑，从而向更加健康和正规的方向稳定发展。

2. 借助企业发展

我国在乡村建设中将乡镇企业作为重点的扶持发展事业之一，而企业体育运动同样能够成为全民健身运动的有机组成要素。所以，应当着眼于全盘规划，致力于实现乡村体育运动建设与周边企业（比如各国有、乡镇和私营企业）的有机结合，实现体育事业的有机发展。为此，可以采取企业投资的模式，由乡村方面来提供集体土地；也可以基于目前已有的运动场地格局，适当调整体育项目的布局规划，充分调动各自场地的效用，体现各部门互相补充、协同管理、各取所需、共同开发的管理措施，不过，当然这一切还要以企业资金投入占主要地位，农民、乡村承担人力和扩展所用土地资源的主体责任作为前提。如此一来，只要每个参与主体都能严格遵守事先达成的条款并长期和谐共处，就能够持续不断地推进地域体育运动的发展和壮大，为地区体育文化增光添彩。

3. 借助竞技体育项目发展

随着我国综合国力的日益壮大，竞技体育运动的内容、形式和观念等也正在以日新月异的姿态扬帆满舵地发展前进着。受到不同地域的地势环境、水文气候、人文沿袭以及本地居民的运动特长等因素的综合影响，国家、省市的各级运动项目训练基地一般都开设在乡村地区。尽管这些训练基地会因为极其有限的布点和总数而远远无法满足全体农村居民的体育运动发展需要，但仅就其周围区域内的情况而言，训练基地所开设的运动项目依然能够极其明显且长远地影响乃至引领乡村体育运动的演变和发展方向。所以，在新农村建设的实施过程中，除了要顺应作为大前提的全民健身项目之外，对于乡村体育事业的建设和农民体育运动项目的安排，还要主动地使其接近、符合训练基地的体育项目或类似项目，从而充分发挥作为本地优势的基地的作用来推动农民竞技运动项目的进步，这种措施不但能够有效增强乡村人口参与体育锻炼的积极性，还有希望为国家体育运动的未来发展提供帮助，尤其是有助于为竞技运动的发展打造范围更加广泛的后备人才基地。

（四）突出乡情，本土发展

1. 以本地基础体育为本

自从中华人民共和国成立之后，广大乡村居民从未停止过对体育运动文化的自发探索。尽管国家并不能确保从始至终都将文体建设的重心放在乡村体育的发展上，也不能一次性地为乡村体育直接投入过多资源，然而多年以来，拥有博大的民间智慧的乡村成员还是本着就地取材、因地制宜的原则，在农村地区开创了一系列适合广泛开展、富有中国乡土气息的体育文化活动。近些年来，国家用于体育文化建设的投入不断地增加，随着不同乡镇和农民群体经济收入的扩大，各处乡村的体育运动获得了愈发有力的物质基础和支持，所以也在持续不断地发展创新，这样一来，全国各地都衍生出了一批人民群众喜闻乐见、广受喜爱的运动项目，这些项目一直以来都保持着旺盛的生命力。所以我们说，农民体育运动应当被正式纳入新农村建设之中，要基于在当地已经具备扎实的群众基础的运动项目来开展事前规划和具体实施工作，确保乡村体育的未来发展方向始终保持正规、健康，让广大农村群众在坚实的运动基础之上大力拓展体育事业的范围，在一步一个脚印的前进过程中实现"基本完善"的目标，最终让每一个乡村成员都能借助优质的社会资源充分享受到适合自己的心仪运动项目。要达到这个目的，必须将目前已有坚实基础的运动项目作为发展建设的出发点，自然而然地将农民引导到体育运动实践的行列当中，并让其积极参与各种体育活动，最终实现全民体质提升的目标。

2. 以乡土体育为主

农民群体受到所处环境和传统观念的深刻影响，会在日常生活的方式中体现出鲜明的乡村社会性质与同农业生产相关的特点，这些特点就是人们常说的"乡土"。农民所具有的乡土气质浓不但体现在他们的生活和劳作之中，还十分明显地体现在其特有的体育文化活动当中，而能够反映典型乡土特征的体育项目与文化就是乡土体育。乡土体育的一个重要特征在于形式上的"土生土长"，它的开展主要依托普通的乡村生活，并不要求十分专业和完善的体育设施，许多项目都具有突出的趣味性，开展门槛很低，简便易行。不仅如此，乡土体育项目开展的成本很低且容易上手，能有效地锻炼参与者的身体素质，诸如担粮食、负重物、载重跑等运动都可算作乡土体育，参与者不但会被激发出高涨的兴致，还会在长期的运动中对当地的生产力发展起到可观的作用，充分满足广大农民健身的需求。

3. 以个性体育为特点

许多地区和行政领域内的居民都拥有指定的特长运动项目，这就是所谓的"个性体育"。这些运动项目一直以来都存在于群众之间，经久流传而不衰，已经成为当地的标志性体育文化象征。个性体育不但拥有扎实普遍的群众力量作为发展基础，更能够为培养优势型运动员创造有利的土壤。个性体育的蓬勃发展不仅能为乡村体育事业带来肉眼可见的支持，还能够成为我国的竞技体育事业的后备人才培养基地。比如，在一些多山地和丘陵的地区，可以大力发展长跑和自行车项目；在我国北方一些气候寒冷、冬季漫长的地区，冰雪覆盖条件较好，可长期开展滑雪和冰上运动训练；草原地区地势平坦开阔，适合牲畜饲养，可作为赛马训练基地；沿海城市及南方一些江河分布比较广泛的省份可以进行形式多样的水上运动训练；等等。

参考文献

[1] 王巍.习近平生态文明思想的空间哲学意蕴[J].理论导刊,2022(09):4-9.

[2] 高金龙,郭雪妹.习近平生态文明思想人民性在江西的实践研究[J].东华理工大学学报(社会科学版),2022,41(04):301-306.

[3] 陈文辉.海南文明生态村建设的思考[J].中外企业家,2017(28):38-39.

[4] 曹秋秀.施茶村:探索"文明生态村+产业发展+基层党建"模式[J].今日海南,2017(08):50-51.

[5] 陈德旭.新发展阶段我国乡村体育的使命担当及创新路径[J].体育文化导刊,2021(12):33-39.

[6] 巴玉峰.乡村振兴背景下乡村生态体育旅游环境融合发展研究——评《体育旅游发展新论》[J].人民长江,2021,52(08):246-247.

[7] 周坤.多维化视域下新农村体育发展策略研究——评《多维视角下的乡村体育研究》[J].中国瓜菜,2021,34(05):150.

[8] 朱鹏,陈林华.体育助力乡村振兴的经验与价值及路径选择[J].体育文化导刊,2021(02):28-35.

[9] 任海.乡村振兴战略与中国特色城乡体育融合发展[J].上海体育学院学报,2021,45(01):1-8.

[10] 傅美莹.体育文化融入浙江省乡村振兴战略的困境与对策研究[D].杭州:杭州师范大学,2020.

[11] 杜志娟,高中玲.乡村体育文化节开展水平评价指标体系构建与实证[J].

乡村实用技术, 2020（05）: 35-36.

［12］丁红娜, 代坤. 生态文明视域下乡村体育设施公共服务发展的新思路探究［J］. 农业经济问题, 2019（11）: 143.

［13］铉令强, 王玮. 农业现代化进程中乡村体育发展探讨——评《生态文明视域下乡村体育生态化研究》［J］. 中国瓜菜, 2019, 32（06）: 89.

［14］周雪华, 姚磊. 环巢湖美丽乡村建设进程中乡村体育发展的角色定位［J］. 巢湖学院学报, 2018, 20（06）: 128-132.

［15］邵倩, 刘涛. 建设美丽乡村视域下河南乡村体育发展路径研究［J］. 农业经济, 2018（09）: 93-95.

［16］崔朋军. 河北省美丽乡村群众体育发展策略研究［D］. 石家庄: 河北师范大学, 2018.

［17］闫静婷. 民族传统体育和乡村体育治理的辩证关系与路径研究［J］. 体育科技文献通报, 2018, 26（05）: 139-140, 166.

［18］李龙云. "美丽乡村"背景下广西村落体育发展设计与运行机制研究［D］. 南宁: 广西民族大学, 2018.

［19］夏成前. 新型城镇化背景下中国乡村体育发展路径研究［J］. 南京体育学院学报, 2018, 1（01）: 10-16.

［20］陈德旭. 社会治理视域下我国乡村公共体育服务体系建设与运行研究［D］. 上海: 上海体育学院, 2017.

［21］张洪. 建设"美丽乡村"背景下乡村体育与旅游资源的融合研究［J］. 文体用品与科技, 2017（08）: 33-34.

［22］项建民, 徐海虹. 乡村生态体育文明建设发展对策研究［J］. 体育世界（学术版）, 2017（03）: 66-67.

［23］陈淑奇. 国内体育生态化问题研究综述［J］. 濮阳职业技术学院学报, 2014, 27（04）: 116-120.

［24］包大鹏. 生态文明建设视角下我国城镇社区体育健康发展模式创新研究［J］. 生产力研究, 2013（07）: 63-65, 110.

［25］王倩. 新农村生态体育的开发与管理研究［D］. 济宁: 曲阜师范大学,

2013.

[26] 赵晓红，薛松.乡村体育发展探析［J］.世纪桥，2012（05）：113-114.

[27] 杨超锋，庞辉.试析新农村体育生态文明观［J］.农业考古，2010（03）：363-365.

[28] 谭延敏，刘志红.绿色体育：乡村体育发展的新趋向［J］.邯郸学院学报，2008，18（03）：103-105，108.

[29] 李斌宁.创建公共服务型政府，建设社会主义新农村——基于德庆县的理论与实证研究［J］.中国市场，2008（22）：152-153.

[30] 王德深.海南省文明生态村体育现状及发展对策［J］.职教论坛,2005(29)：63-64.